Susanne Wendel

Gesundgevögelt in 12 Wochen

Susanne Wendel

GESUNDGEVÖGELT IN 12 WOCHEN

Praxisbuch für Paare und alle, die es wieder werden wollen

GOLDEGG VERLAG

Bildrechte Autorenfoto: Christian Bodlaj, Villach
Rechte Umschlaggestaltung: Kathrin Steigerwald, Hamburg unter Verwendung von Colorlife/ Adobe Stock

Der Verlag und seine Autoren sind für Reaktionen, Hinweise oder Meinungen dankbar. Bitte wenden Sie sich diesbezüglich an verlag@goldegg-verlag.com.

Der Goldegg Verlag achtet bei seinen Büchern und Magazinen auf nachhaltiges Produzieren. Goldegg Bücher sind umweltfreundlich produziert und orientieren sich in Materialien, Herstellungsorten, Arbeitsbedingungen und Produktionsformen an den Bedürfnissen von Gesellschaft und Umwelt.

2. Auflage (2022)

ISBN: 978-3-99060-279-9

Unter den Linden 21 • D-10117 Berlin
Telefon: +49 800 505 43 76-0

Goldegg Verlag GmbH, Österreich
Mommsengasse 4/2 • A-1040 Wien
Telefon: +43 1 505 43 76-0

E-Mail: office@goldegg-verlag.com
www.goldegg-verlag.com

Layout, Satz und Herstellung: Goldegg Verlag GmbH, Wien
Printed in the EU

Gewidmet meinen Eltern und Schwiegereltern
und allen meinen Babysittern,
ohne die dieses Buch gar nicht entstanden wäre …

Inhaltsverzeichnis

Vorwort

Viele Menschen machen Sex von ihren Gefühlen abhängig und haben ihn nur, wenn »ihnen danach ist«. Irgendwann ist ihnen nicht mehr danach und dann haben sie keinen Sex mehr. Es könnte doch auch umgekehrt sein: Man könnte einfach wild übereinander herfallen und feststellen, dass es Spaß macht und die Gefühle auch durchs Tun kommen.

Als Gesundheitsexpertin habe ich mich oft gefragt: Wie muss eine Beziehung sein, die »gesund« ist? Wie verhalten sich die Partner in einer gesunden Beziehung, wie stehen sie zueinander, wie funktionieren sie als Team, wie groß ist ihre Liebe zueinander, wie viele Werte und Ziele teilen sie, damit die Beziehung innerlich und äußerlich gesund ist? Wie viel Sex haben sie? Manchmal scheint nach außen alles in Ordnung zu sein, aber im Inneren knirscht es gewaltig im Gebälk. Knapp ein Viertel der Scheidungen in Deutschland wurde im Jahr 2015 bereits nach einer Ehedauer von sechs bis zehn Jahren vollzogen, nur noch vierzig Prozent aller geschlossenen Ehen hält heutzutage sechzehn Jahre oder mehr. Leider gibt es keine Statistiken über nicht eheliche Partnerschaften, aber ich vermute mal, die trennen sich noch schneller.

Es ist wie bei vielen Erkrankungen der Organe, die erst sicht- und spürbar werden, wenn die Krankheit schon weit fortgeschritten und manchmal nicht mehr heilbar ist. Dass ein erfüllendes Sexualleben viele positive Effekte auf die Gesundheit des Einzelnen hat, ist mittlerweile glaube ich bekannt. Und dass es einen wichtigen, wenn nicht *den* wichtigsten Einfluss auf das Gelingen einer Beziehung hat, darum geht es in diesem Buch.

Regelmäßiger und erfüllender Sex trägt sehr viel zu einer gesunden Beziehung bei, genau wie regelmäßiger Sport und regelmäßige gesunde Ernährung viel zu gesunden Organen und einem gesunden Körper beitragen. Also, reden wir über Sex! Heutzutage muss niemand mehr auf guten Sex verzichten. Uns Menschen in der westlichen Welt stehen alle Türen offen und es gibt bereits eine Menge Menschen, die sich sexuell verwirklicht hat.

Wir müssen eigentlich nur zwei Dinge bewerkstelligen: unsere moralischen und romantischen Vorstellungen loslassen und das Thema bewusst in die Hand nehmen.

Denn falsche Vorstellungen sind die Hauptgründe, die sexuelle Erfüllung verhindern, trotz aller Aufgeklärtheit und aller offenen Türen. Viele Paare haben langweiligen Sex, weil sie sich nur auf dem kleinsten gemeinsamen Nenner treffen, anstatt ihre individuellen sexuellen Interessen zu erforschen. Im Kopf haben sie vielleicht Fantasien, trauen sich aber nicht, diese mit dem Partner zu teilen. Andere haben gar keinen Sex mehr, weil die Frau (oder manchmal der Mann) die Lust daran verloren hat. Einer von beiden dominiert mit Unlust und der andere gibt irgendwann frustriert auf. Es existieren viele Gründe, langweiligen oder keinen Sex zu haben. Auch wenn alle über Sex reden: Wenn es um das eigene Sexleben geht, sind die meisten Menschen ziemlich beschränkt.

Je länger Beziehungen dauern, desto mehr ist Erotik eine Frage der Entscheidung und nicht mehr des Begehrens. Man kann das auch so ausdrücken: Beim »jungen« Sex geht die Lust dem sexuellen Handeln voraus und beim »reifen« Sex wandelt die Entscheidung der Lust voraus. Die Devise lautet: Nicht mehr auf spontanen Sex warten, sondern sich für Sex entscheiden und die Lust dazu einladen.

Der Sex muss neu inszeniert werden, wenn er nicht mehr von selbst passiert.

Das ist die Hürde, die viele Paare nicht überwinden können: den Sex zu planen und bewusst neue Varianten auszuprobieren. Sie organisieren akribisch alles Mögliche, vom Kinoabend bis zur Klavierstunde der Tochter, aber Sex soll bitteschön »passieren«. Blöd: Die Momente, in denen beide gleichzeitig Lust darauf haben, werden immer seltener.

Ich konnte es bei mir selbst genau beobachten: Mit Anfang, Mitte dreißig habe ich so gut wie alles ausprobiert, was mich sexuell interessiert hat. Tantra, Bondage, Sadomaso, Gruppensex und einiges mehr. Ich hatte für die verschiedenen Erlebnisse verschiedene Mitspieler, Männer, Frauen, Paare. Viele dieser Erlebnisse waren für mich vergleichbar mit Erleuchtung und darüber habe ich ein Buch geschrieben, *»gesundgevögelt«*. Als Gesundheitsexpertin habe ich mich dem Thema von verschiedenen Seiten genähert, meine eigene Erfahrung in einen Kontext wissenschaftlicher Studien gestellt und verschiedene Experten befragt. Das Ergebnis damals: Es ist nicht nur so, dass Sex oberflächlich gesund macht, weil dabei das Immunsystem stimuliert wird. Nein, sexuelle Erfüllung zu finden, macht auf allen Ebenen gesund. Körperlich, geistig und seelisch. Ich war damals Single, hatte alle Möglichkeiten und aus heutiger Sicht unendlich viel Zeit. Und mein persönliches *gesundvögeln* hat dazu geführt, dass ich endlich den richtigen Partner finden und mir meinen Lebenswunsch nach einer Familie erfüllen konnte. Weil ich endlich klarsehen konnte, wer ich sexuell bin, was wirklich zu mir passt und weil ich meine sexuellen Obsessionen erfüllt und nicht mehr auf potenzielle Partner projiziert habe.

Doch wie geht das weiter mit dem Sex, wenn man einen festen Partner und Kinder hat? Vier Jahre und zwei Kinder später muss ich zugeben, das mit dem geilen Sex hat ziemlich nachgelassen.

Ich habe mich in den letzten Jahren oft gefragt, ob es das jetzt schon gewesen ist mit meiner sexuellen Erleuchtung. Das Leben hat mir das volle Programm geschenkt, von Lustkiller-Hormonen über die ewige Müdigkeit junger Eltern bis hin zum völligen Verlust jeglichen Interesses an sexuellen Aktivitäten (ja, mir!). Wenn man kleine Kinder hat, schlägt man sich auch nicht mehr die Nächte mit Sexpartys um die Ohren. Doch ich habe nie ganz darauf verzichtet. Weil ich weiß, wie wichtig Sex nicht nur für mich, sondern vor allem auch für meine Beziehung ist. Männer finden das gar nicht witzig, wenn nach der Geburt eines Kindes monatelang, manchmal sogar jahrelang im Bett nichts mehr läuft. Also, egal ob Lust oder nicht, am gefühlten Tiefpunkt unserer sexuellen Flaute habe ich das Thema wieder in die Hand genommen.

Wieder habe ich entschieden, alles Mögliche auszuprobieren und zu erleben, nur eben diesmal mit meinem Partner zusammen. In einer festen Beziehung funktioniert das anders, als wenn man Single ist. Es ist einerseits leichter und gleichzeitig viel schwieriger. Leichter, weil man nicht erst jemanden suchen muss und nicht ganz von vorne beginnen muss. Schwieriger, weil man dem Menschen, der einem am nächsten steht, eben doch nicht alles offenbaren möchte und manchmal feststellt, dass man ihn noch gar nicht kennt. Mein Partner und ich haben uns der Herausforderung gestellt. Dabei haben wir beide völlig neue Seiten an uns selbst entdeckt. Man sollte ja niemals glauben, man würde sich selbst schon kennen. Ich fühle mich nach diesen intensiven gemeinsamen Sex-Wochen wieder viel verbundener mit meinem Partner. Gleichzeitig fühle ich mich paradoxerweise freier als vorher.

Weil der Sex nicht mehr fehlt, ist er nicht mehr so wichtig.

Ich möchte meine Erlebnisse in diesem Buch teilen, weil ich weiß, dass ich damit andere Menschen inspirieren und Beziehungen retten werde, die es wert sind gerettet zu werden.

Susanne Wendel

Unser erstes Sex-Date

Sex ist wichtig. Erst recht, wenn man keine Lust auf ihn hat.

Heute ist der erste Montag des neuen Jahres. Ein paar Tage nach Silvester. Mein Vorsatz für dieses Jahr: mehr Sex. Nein, nicht abnehmen oder sporteln, sondern vögeln. Mir ist klar, wenn ich nicht gleich jetzt, am Anfang des Jahres, etwas unternehme, wird das nichts mit dem Sex in diesem Jahr, dann war es eine peinliche Schnapsidee. Das ist wie mit allen Silvester-Vorsätzen. Aufhören zu rauchen, mehr bewegen, gesünder essen. Wenn man es schon in der ersten Woche nicht hinkriegt, wie soll es später klappen?

Meine Situation: Ich bin Mama von einem dreijährigen Jungen und einer vier Monate alten Tochter. Und ich habe keine Lust mehr auf Sex. Mit dem zweiten Kind hat sie sich verabschiedet. Oder sagen wir mal so, ich habe zwar manchmal Lust, schaffe es aber nicht, die Initiative zu ergreifen. Meinem Partner geht es ähnlich. Wir führen zusammen ein kleines wachsendes Dienstleistungsunternehmen und sind quasi vierundzwanzig Stunden am Tag zusammen. Ich halte Vorträge und schreibe Bücher im Gesundheitsbereich und wir vermarkten diese gemeinsam. Drei- bis viermal im Jahr organisieren wir Seminare und Events für Menschen, die sich persönlich weiterentwickeln wollen. Im Alltag beschäftigen uns unsere Kinder und unser Business. Im Schlafzimmer läuft gerade außer dem Stillen und Schlafen wenig. Und das geht gar nicht! Ich habe schließlich ein erfolgreiches Sex-Buch geschrieben …

Meine Silvester-Idee: jeden Monat einmal einen Abend für uns und ausgiebigen Sex, am besten in einem fremden Bett, sprich in einem Hotel. Mein Partner fand die Idee gut, er hat gesagt, ich soll mal machen, er ist auf jeden Fall dabei. Na klar, hätte mich auch gewundert, wenn ein Mann so eine Idee nicht gut findet. Ich habe also keine Ausreden.

Es ist Montagmorgen und ich schaue in unseren Familienkalender. Das nächste Wochenende wäre perfekt. Die anderen Wochenenden im Januar sind bereits verplant. Das Baby nehmen wir mit, die Kleine wird ja noch gestillt. Sie wird auch nicht stören, sie schläft ja noch viel. Irgendwie bin ich zögerlich, merke ich. Warum eigentlich? Ehrlich gesagt verstehe ich das selbst nicht genau. Ich suche – eher halbherzig – im Internet nach Wellnesshotels. Au ja, Sauna, schwimmen, auf den Ruheligen rumhängen, im Whirlpool durchsprudeln lassen. Und dann abends todmüde ins Bett fallen? Nein! Ich wollte doch eigentlich etwas ganz anderes. Und zwar: SEX. Also gut, lieber kein Wellnesshotel. Wir brauchen nur ein Bett. Ich vertage die endgültige Entscheidung auf morgen. Ist ja noch Zeit …

Dienstag kommt irgendwie immer etwas dazwischen. Es wird also Mittwoch, als ich im Internet eine Seite für Last-Minute-Übernachtungen finde und wieder bei den Wellnesshotels hängenbleibe. Nein, Susanne, kein tolles Hotel, das lenkt nur ab. Wir brauchen nur ein gemütliches Zimmer. Irgendeines, das nicht unser Schlafzimmer ist.

Am Donnerstagmorgen rufe ich meine Mutter an und frage sie, ob sie spontan am Freitag für eine Nacht auf den Großen aufpassen kommen könnte. Sie kann. Ich spüre gleichzeitig Erleichterung und Unbehagen. Jetzt, nachdem das Wichtigste organisiert ist, zu Hause zu bleiben, wäre ja total blöd. Also recherchiere ich weiter auf dieser Last-Minute-Seite. Und entscheide mich für einen kleinen Landgasthof Richtung Bad Tölz. Sieht nett aus und hat ein Vier-Gänge-Abendessen in der Pauschale mit drin. Kein Wellnesshotel. Ich gebe mir einen Ruck und buche. Keine Ahnung, was passiert und ob das funktioniert. Aber ich muss es ausprobieren, sonst kann ich es nicht wissen. Jetzt bin ich ein wenig stolz auf mich, weil ich es hingekriegt habe: Unser erstes gemeinsames Sex-Wochenende ist gebucht!

Als Nächstes bekomme ich ein schlechtes Gewissen. Können wir unseren kleinen dreijährigen Sohn in der Obhut von Oma lassen, einfach nur, weil wir unseren Spaß haben wollen? Dürfen wir das? Was ist, wenn er genau an dem Abend Sehnsucht nach uns bekommt und wir sind nicht für ihn da? Meine Mutter hat schon öfter auf ihn aufgepasst, auch länger als eine Nacht, das ist eigentlich kein Problem. Doch bisher war unsere Abwesenheit immer geschäftlich bedingt. Es gab stets einen wichtigen Anlass, zum Beispiel Vorträge, die ich gehalten habe. Wir *mussten* dann ja weg. Geld verdienen. Jetzt müssen wir nicht. Shit. Das kann doch wohl nicht wahr sein, dass *ich* ein schlechtes Gewissen kriege, wenn ich einfach mal wieder Sex haben will? Manchmal glaube ich wirklich, ich ticke nicht mehr ganz richtig, seit ich Mutter bin.

Endlich ist Freitag! Ich packe unsere Tasche und alles, was wir drei für eine Nacht brauchen. So viel ist es ja nicht. Wir sind außerdem nur fünfundvierzig Kilometer weit weg. Trotzdem fühlt es sich an wie eine vierwöchige Reise. Meine Mutter wird gegen Mittag kommen und unseren Junior von der Krippe abholen. Wir drei fahren schon vorher los, sodass er uns gar nicht mehr sieht. Wir sind dann einfach mal weg! Omi freut sich darauf, mit ihm zu spielen. Alles ist im grünen Bereich, trotzdem kann ich mich noch nicht so recht entspannen. Mein Hirngewichse nimmt beängstigende Züge an. Gott sei Dank habe ich gebucht und bereits bezahlt, es wäre wirklich Quatsch, jetzt nicht zu fahren. Ist ja nur für eine Nacht. Das ist wohl das Schicksal von Müttern, dass sie ständig ein schlechtes Gewissen ihren Kindern gegenüber haben. Mein Partner kann das nicht nachvollziehen, der hat das gar nicht. Er sieht unser Vorhaben ganz pragmatisch. Wir sind eine Nacht weg und Punkt. Die Oma kümmert sich um den Kleinen, wo ist das Problem? Tja, wo ist es eigentlich? Ich verstehe es selbst nicht. Ich spüre nur, dass es irgendwo in meinem Kopf ist und sich sehr real anfühlt.

Um fünfzehn Uhr setzen wir uns ins Auto. Mit jedem Ort, den wir uns von zu Hause entfernen, entspanne ich mich ein wenig mehr. In einem kleinen Dorf namens »Einöd« atme ich tief durch und fange an, mich zu freuen. Es tut mir gut, rauszukommen. Mal etwas anderes zu sehen als unsere vier Wände. Das schlechte Gewissen verzieht sich in eine hintere Ecke meines Gehirns.

Es regnet in Strömen und ich ertappe mich bei dem Gedanken, dass wir bei diesem Wetter nicht mit unserer Kleinen im Kinderwagen spazieren gehen können. Eine leichte Panik steigt in mir auf. Was machen wir denn bis zum Abendessen? Wir sind ja spätestens um sechzehn Uhr im Hotel. Mein Partner hat wahrscheinlich den gleichen Gedanken, denn er stellt trocken fest:

»Es regnet.«

»Ja, dann fällt spazieren gehen wohl aus!«

»Ja.«

Ich fasse einen Entschluss.

»Du, lass uns einen Deal machen. Bis morgen Mittag sprechen wir nicht übers Business und nicht über die Kinder. Schauen wir, was dann passiert.«

»Okay.«

Die restlichen zwanzig Minuten bis zum Hotel schweigen wir. Ich denke an meinen Jungen, den Omi in diesem Augenblick von der Krippe abholt und bekomme ein wenig Sehnsucht nach ihm. Die schiebe ich in die Ecke – zu meinem schlechten Gewissen. Ich sehe ihn ja morgen Mittag schon wieder. Omi wird gleich mit ihm Waffeln backen und ihm wird gar nicht auffallen, dass Mama und Papa weg sind.

Das Hotel liegt in einem winzig-kleinen Dorf mit nur fünf Häusern. Es sieht nett aus, hat einen Biergarten, der im Sommer sicher gemütlich ist. Auf dem Parkplatz steht kein einziges Auto. Wer übernachtet schon in einem Landgasthof mitten in der Pampa an einem Freitag, eine Woche nach Silvester? Wir! Weil wir endlich mal wieder in Ruhe Sex haben wollen. Wir checken ein und sind kurz nach vier im Zimmer. Es regnet immer noch.

»Spazieren gehen macht wohl keinen Sinn.«

»Nein, es regnet.«

Das Baby schläft im Maxi-Cosi. Die Gelegenheit wäre perfekt. Und trotzdem fallen wir nicht übereinander her. Wir sind es nicht mehr gewohnt, wissen nicht mehr so recht, wie man eigentlich anfängt mit Übereinanderherfallen. Es gab Zeiten, in denen hatten wir ziemlich viel Sex, phasenweise jeden Tag. Da muss ja einer den Anfang gemacht haben oder wie war das? Ich kann mich nicht richtig erinnern. Irgendwie hat sich alles verändert.

Wir setzen uns aufs Bett. Geredet haben wir auch noch nicht. Gar nicht so einfach über Sex zu reden, selbst wenn man es sich vornimmt. Wir rücken näher zusammen. Und fangen irgendwann an, zu kuscheln. Zu reden brauchen wir nicht, denke ich. Wir fangen an, uns die dicken Winterpullover auszuziehen und rücken noch näher zusammen. Ich beginne endlich, mich richtig zu entspannen. Wie war das noch? Der Appetit kommt beim Essen! Wozu habe ich mir vorher einen Kopf gemacht?

Als wir uns ausgezogen haben und richtig zur Sache kommen wollen, wird das Baby wach und macht seine typischen Habe-Hunger-Geräusche. Ein echter Coitus interruptus –

das hatten wir schon lange nicht mehr! Wir müssen beide lachen, und ich denke einen kurzen Moment lang: Gemeinsam zu lachen, ist doch das Wichtigste beim Sex. Weil es viel mehr verbindet als alles andere. Man sollte sich selbst auch im Bett nicht so ernst nehmen. Langsam fängt es an, richtig Spaß zu machen, unser Wochenende. Baby wird gefüttert und dann machen wir weiter. Berühren uns, küssen uns, die Kleine liegt satt und zufrieden in ihrem Babybettchen und schaut sich aus neugierigen Augen im Zimmer um. Wo sie hier wohl gelandet ist?

Um siebzehn Uhr vierzig sind wir beide entspannt und happy. Schön wars. Wieso machen wir das nicht öfter? Sex ist doch wirklich eine angenehme Sache. Das denke ich jedes Mal *hinterher*. Echt verrückt, dass die Hürde vorher so groß ist.

»Sollten wir öfter machen.«

»Ja.«

Wir haben noch Zeit bis zum Abendessen. Die nutzen wir, um gemeinsam zu duschen und endlich anzufangen, zu reden. Über das, was uns beiden so wichtig ist. Nicht nur wieder mehr Sex, sondern auch besseren Sex. Neue Dinge ausprobieren und herausfinden, wie uns beiden der Sex Spaß macht. Eigentlich sind wir uns einig, das haben wir wiederholt festgestellt, doch wir haben es bisher nicht geschafft, in unserem Liebesleben viel Neues auszuprobieren. Es war einfach immer so viel anderes zu tun mit Kleinkind und Firma und jetzt noch mit einem zweiten Kind.

Wir schauen uns eine Grafik aus einem Buch an, es geht um das sexuelle Profil und wie man es erstellen kann. Dargestellt sind zwei Kreise, die sich teilweise überschneiden. Jeder Mensch ist sexuell gesehen ein Unikat mit seinen Wünschen, Erfahrungen, körperlichen Voraussetzungen, Meinungen und vielem mehr. Wenn zwei Menschen zusammenkommen, kann es sexuell größere oder kleinere Schnittmengen geben. Ich stelle meinem Partner einige Fragen zu seinem sexuellen Profil und lausche gespannt seinen Erzählungen. Das mit dem sexuellen Profil möchte ich mal ausführlicher machen, später irgendwann. Es interessiert mich sehr, wo jeder von uns eigentlich steht und wie groß unsere Schnittmenge ist.

Beim Abendessen sind wir die einzigen Gäste. Der Küchenchef legt sich mächtig ins Zeug und das Last-Minute-Vier-Gänge-Menü schmeckt fantastisch. Mein Partner liebt gutes Essen, ich bin ein wenig stolz auf meine Wahl. Das Baby liegt neben uns auf der Bank und ist friedlich. Ich frage den Wirt, ob möglich ist, das Radio anzuschalten oder Musik zu spielen. Es ist totenstill im Gastraum. Nein, Musik haben sie leider nicht. Wir reden also nicht mehr über unsere sexuellen Profile, sondern plaudern mit unserem Gastwirt darüber, wie das diesjährige Weihnachtsgeschäft gelaufen ist. Angenehm, mal nicht über unser eigenes Business zu sprechen. Und über Sex können wir nachher weiterreden. Oder wir haben nochmal welchen. Oder wir kuscheln einfach nur. Oder wir schlafen. Ganz egal, ich bin glücklich, dass wir hier sind.

SEX IST EINE AKTION, KEINE EMOTION – DAS »WARUM«

Ich weiß nicht wie viele Paare – wahrscheinlich alle – das Problem haben, dass bei ihnen irgendwann die Lust auf Sex mit dem Partner schwindet. Die Frage, warum das passiert, ist die eine Sache, und die haben schon viele kluge Menschen analysiert. Mich interessiert vor allem, wie man trotzdem ein erfülltes Sexleben haben kann. Denn es kann ja wohl nicht sein, dass man auf die schönste Sache der Welt verzichtet, nur weil man in einer festen Beziehung ist.

Fakt ist: Mit zunehmender Vertrautheit schwindet die Erotik. Mit zunehmendem Stress auch. Wenn die Familie wächst erst recht. Es gibt hunderttausend Gründe, warum Paare sich sexuell nicht mehr voneinander angezogen fühlen. Und so lange das jemanden selbst oder seinen Partner nicht stört, ist es ja auch in Ordnung. Doch wenn der mangelnde Sex ein Streitpunkt in der Beziehung wird oder man selbst etwas grob vermisst, wird es Zeit, zu handeln.

Ich befasse mich seit über zwanzig Jahren intensiv mit Gesundheit, ursprünglich mit der gesunden Ernährung. Wie man am besten abnehmen kann, war über viele Jahre mein zentrales Thema, und ich habe einige Bücher darüber geschrieben. Meine wichtigste Erkenntnis: Es kommt nicht auf die Art der Diät an, sondern darauf, dass man eine Entscheidung trifft und in Aktion geht. Dass man anders einkauft, anders kocht, anders isst. Und dass man sich bewegt. Eigentlich ganz einfach und in der Umsetzung doch so schwer. Weil im Kopf eine Million Gedanken dagegensprechen. In den letzten fünfzehn Jahren habe ich zusätzlich zu meinem ernährungswissenschaftlichen Studium zwei intensive mehrjährige Ausbildungen im Bereich Training/Coaching/Leadership absolviert, mit meinem Partner zusammen eine GmbH gegründet und unzählige Vorträge, Seminare und Workshops gehalten und auch besucht. Heute weiß ich:

Das Prinzip »Entscheidung und Aktion« kann man auf alle Lebensbereiche anwenden. Auch auf den Sex.

Ich bin keine Sex-Expertin im klassischen Sinne. Ich habe kein sexologisches Studium, sondern würde mich eher als Expertin für sexuelle Neugier bezeichnen. Ich bin jemand, den das Thema selbst betrifft, die alle Bücher darüber liest und sich immer wieder selbst beobachtet.

Eines der besten Bücher, die ich je zu dem Thema gelesen habe, ist »Die versteckte Lust der Frauen«. In diesem wird ein interessantes Phänomen beschrieben: In einer festen Beziehung wird der Mann früher oder später sexuell unattraktiv für die Frau, und sie verliert die Lust daran, mit ihm Sex zu haben. Die wenigen wissenschaftlichen Studien, die es bisher zu diesem Thema gibt, sind revolutionär. Man kann nämlich genau messen, wann Frauen »feucht werden«, wenn man ihnen beispielsweise erotische Geschichten erzählt. Erzählungen von fremden Männern erhöhen die Lubrikation (von lat. »lubricare«, »schlüpfrig machen«) sehr viel stärker als solche, die vom eigenen Partner handeln. Auch erotische Erzählungen von Freundinnen oder fremden Frauen erhöhen die Lubrikation. In den meisten Partnerschaften ist es Realität, dass das Phänomen der Unlust von den Frauen ausgeht. Das allgemeine Gedankengut, dass Frauen vor allem Nähe, Vertrauen und Zärtlichkeit für Sex brauchen, scheint ein Märchen zu sein. Sie sind diejenigen, die das Begehren verlieren, wenn die Beziehung zu vertraut wird. Kaum eine Frau würde allerdings zugeben, dass sie vor allem das Begehren für ihren eigenen Mann verliert. Das könnte damit zusammenhängen, dass die Frau sich ihrerseits nicht mehr begehrt fühlt.

In einer festen Beziehung muss (und darf!) der Mann sich ja nicht mehr frei für sie entscheiden. Dazu kommt, dass Frauen häufig keinen Zugang zu ihrer sexuellen Lust haben oder diesen nach der Geburt von Kindern verlieren. Will heißen, die Lust wäre theoretisch zwar da, die Frau merkt es aber nicht. Auch das haben findige (weibliche) Wissenschaftler herausgefunden. Sie haben bei Männern und Frauen die Erregung beim Anschauen verschiedener pornografischer Bilder gemessen und festgestellt, dass komplett unterschiedliche Ergebnisse dabei herauskamen: Die Männer waren in diesem Szenario von allem erregt, was ihrer sexuellen Präferenz betrifft, und zwar geistig wie körperlich. Ein heterosexueller Mann mag Bilder von Hetero-Sex oder von Frauen-Sex, das kann er auch so benennen, und seine Erregung ist offensichtlich, ein homosexueller Mann mag Schwulen-Sex, ein Bi-Mann mag beides. Bei den Frauen zeigte sich ein völlig anderes Bild: Nach ihrem Erregungszustand gefragt, sagten die Frauen, keines der Bilder würde sie anmachen. Die Messung der Erregung zeigte aber: Alles machte sie an, wirklich alles, auch Bilder von kopulierenden Orang-Utans. Heißt: Frauen spüren ihre Erregung offenbar nicht oder nicht ausreichend. Für den ganz normalen Alltag von Beziehungen ist genau dieses Phänomen der Killer schlechthin.

Jeder, der neugierig darauf ist, wie es gehen kann, ein eingeschlafenes Sexleben wieder zu wecken, muss zuerst eine Illusion loslassen: nämlich, dass guter Sex von selbst passiert. Das mag am Anfang einer Beziehung so sein, wenn man sich vom anderen wie magisch angezogen fühlt. Wenn zwei Menschen verliebt ineinander sind, fallen sie ständig übereinander her und können gar nicht genug bekommen vom anderen. Doch diese Phasen sind kurz im Vergleich zum Rest.

Normal ist: keine Erotik in der Beziehung. Spätestens wenn Kinder da sind.

Wer nur Sex hat, wenn er »sich danach fühlt«, wird irgendwann keinen Sex mehr haben. Oder sagen wir mal so: Sex kann passieren, weil zwei Menschen bestimmte Gefühle haben. Muss aber nicht. Klug wäre, sich nicht von den Emotionen leiten zu lassen. Ich behaupte: Sex kann man auch einfach haben, ohne den ganzen emotionalen Überbau. Vielleicht wird er dann sogar besser als erwartet.

Die Phase der kompletten Lustlosigkeit nach der Geburt meines zweiten Kindes mit zweiundvierzig hat mir ziemlich zu schaffen gemacht. Meinem Partner auch. Ich habe zehn Monate lang gestillt und mein sexuelles Begehren war wie abgeschaltet. Mein sexueller Antrieb war weg und ich habe mich gefragt, wie ich jemals im Leben Lust auf Sex haben konnte. Noch in der Schwangerschaft war meine Lust ungebremst, ich habe damals sogar ein Fotoshooting mit Babybauch im Swingerclub gemacht. Es ist krass, was die Hormone mit einem machen können.

Man sollte Sex nicht von seinen Emotionen abhängig machen. Denn die ändern sich. Oft mehrmals am Tag.

Doch die meisten Menschen tun genau das und wundern sich, dass sie keinen Sex mehr haben, wenn die Verliebtheit oder die Erotik in der Partnerschaft verschwindet. Mein Partner und ich, wir haben angefangen, unsere Zweisamkeit zu planen. Und wir haben entschieden, unser gemeinsames sexuelles Repertoire zu erweitern. Denn, ganz ehrlich: Ich möchte mehr als Null-acht-fünfzehn-Sex. Qualität vor Quantität. Wenn wir schon nicht mehr viel Zeit füreinander haben, soll es wenigstens richtig gut sein. Wir haben eine Entscheidung getroffen und sind in Aktion gegangen. Die treibende Kraft war in diesem Fall ich, und mein Partner hat mitgemacht. Bei anderen Paaren mag das umgekehrt sein, dass die Männer die Sache forcieren. Fakt ist, es geht nur, wenn beide mitmachen. Wenn einer das Ganze dauerhaft abblockt, geht es nicht. Und dann – ganz ehrlich – sollte man sich fragen, inwieweit die Beziehung überhaupt noch tragfähig ist.

Vielleicht kann man Sex outsourcen. Fremdgehen. Dafür braucht es eine Menge Geheimnistuerei oder einen sehr bewussten und reifen Umgang miteinander. Ich erlebe viele Paare, wo einer von beiden mehr oder etwas anderes im Bett will und sich immer wieder entmutigen lässt, weil der andere – meistens die Frau – nicht mitzieht. Auf die Gefahr hin, mich unbeliebt zu machen, an diesem Punkt muss das Paar die »Gleichberechtigung« fallen lassen, die eigentlich nur gegenseitiges Dominieren ist. Einer muss die Entscheidung treffen und den anderen mitreißen. Und der Passivere muss bereit sein, sich mitreißen zu lassen und nachzugeben! Dominieren mit ständigem Neinsagen ist so ungefähr das Schlimmste, was man seinem Partner antun kann.

> *Eine Illusion, die man loslassen muss, ist, dass beide gleichzeitig das Gleiche wollen. Einer muss die Initiative übernehmen. Und der andere muss nachgeben. Wenn nicht einer in Führung geht, passiert gar nichts.*

Das ist übrigens bei anderen Dingen oft keine große Sache, manchmal kauft einer Kinokarten für beide oder einer bucht einen Wochenend-Trip, um den anderen zu überraschen. Es wird auch sonst nicht immer alles bis ins Kleinste ausdiskutiert, oder? Wenn man im Bett nicht mehr zusammenkommt, steht eine Entscheidung an. Sex ist viel zu wichtig, als dass man darauf dauerhaft verzichten könnte.

WO STEHEN WIR? – SEX FRÜHER, HEUTE UND IN DER ZUKUNFT

Ich glaube, dass wir sexuell noch lange nicht da sind, wo wir gerne wären, auch heute nicht. Alle reden über Sex und man wird an jeder Ecke damit bombardiert, aber in den Schlafzimmern, in denen der Sex tatsächlich stattfindet, sieht es vollkommen anders aus. Es existieren Millionen von Bildern und Filmclips im Internet, für jeden sofort und teilweise sogar kostenlos zu sehen. Egal welche Fantasie man hat, es gibt heutzutage eine Webseite dazu. Man kann Sex nicht nur passiv konsumieren, man kann sich sogar aktiv holen, was man braucht. Es existieren mittlerweile Dutzende Internetportale, wo man sich virtuell vergnügen oder Kontakte für Live-Sex jeder Art knüpfen kann. Ich kenne mindestens fünf verschiedene Seitensprung-Portale, die sich explizit an gelangweilte Verheiratete wenden. Der Zukunftsforscher Matthias Horx hat in einem Essay Anfang des neuen Jahrtausends sieben verschiedene »Sex Styles« identifiziert, die die Zukunft prägen werden. Diese sieben Typen bezeichnen das Sexualverhalten der modernen Menschen, sowohl der Paare als auch der Singles.

Jeder mag für sich entscheiden, wo er sich wiederfindet: Die erste Gruppe sind die »überinformierten Einsteiger«, die jungen Menschen unter zwanzig, die mithilfe der modernen Medien alles über Sex wissen, aber gleichzeitig sehr unsicher sind, wie sie ihn tatsächlich erleben können und wollen. Darauf folgen die »Young Experimental Couples«, die modernen Zwanzig- bis Dreißigjährigen, die Sex vor allem als Spaß sehen und alles Mögliche ausprobieren. Die »Pleasure Parents« sind junge oder junggebliebene Eltern, bei denen das Sexleben nicht zu kurz kommt, die sich Babysitter oder Großeltern engagieren, um neben dem Familientrubel auch mal Zweisamkeit genießen zu können. In dieser Kategorie würden mein Partner und ich uns sehen. »High Performer« nennt Horx eine Gruppe von Dreißig- bis Fünfzigjährige, für die Sex als Ausdruck ihres Lifestyles und Selbstbildes gilt. Das können sowohl homo-, hetero- oder bisexuelle Paare als auch Singles sein, und für die ist Sex in allen Varianten ein intensiv gelebtes Hobby. Diese Abstufungen finden wir in den Sexportalen. Schließlich bezeichnet Horx eine Gruppe als »Sex Gourmets«, das sind die Männer und Frauen ab fünfzig, die ihre erotischen Beziehungen bewusst genießen. Zwei der sieben Sexstyles beschreiben Frauentypen, die jüngeren »Cool Cats«, die sich nehmen, was sie brauchen, und die »Lover Ladies« über vierzig, die eine bewusste Sexualität genießen. Explizite Männer-Sextypen scheint es nicht zu geben, die Frauen sind auch hier auf dem Vormarsch. Genau so scheint es die Lustlosen nicht zu geben, denn alle Typen, vielleicht bis auf die überinformierten Einsteiger, haben ein reges Sexleben. Diese verschiedenen Sex-Typen gibt es tatsächlich, ganz klar. Ich habe selbst einige von ihnen kennengelernt. Aber der Großteil der Bevölkerung ist meiner Meinung nach noch weit davon entfernt. Und wo sind die Asexuellen, die Gruppe derjenigen, die gar keinen Sex wollen und brauchen? Angeblich werden das immer mehr, jedenfalls gibt es mittlerweile auch für sie viele Internetforen und Selbsthilfegruppen.

Das ist alles schön und gut, doch wie sieht es in den normalen Schlafzimmern von normalen Paaren aus?

In *Die Welt* lese ich von einer Studie, die englische Forscher durchgeführt haben, um herauszufinden, warum Frauen beim Sex stöhnen. Man könnten meinen, weil es ihnen Spaß macht und sie sich leidenschaftlich gehen lassen. Weit gefehlt. Die »copulatory vocalizations«, also die Geräusche beim Sex, werden von Frauen viel eher bewusst eingesetzt, um den Höhepunkt des Mannes zu beschleunigen. Angeblich haben fast neunzig Prozent der Frauen lautes Stöhnen schon eingesetzt, um schneller fertig zu werden. Autsch. Männer stehen ja bekanntlich darauf, wenn die Frau laut ist und ihrer Lust Ausdruck gibt. Doch anscheinend ist das Stöhnen häufig eher Ausdruck von sexueller Sprachlosigkeit. Im großen Gegensatz zu den Szenarien, die uns in Pornofilmen vorgegaukelt werden, haben die meisten Frauen nämlich immer noch ein großes Problem damit, sich sexuell so richtig gehen zu lassen.

Ich bin 1972 geboren und gehöre zur ersten Generation Frauen, die sexuell schon ziemlich frei aufgewachsen ist. Oberflächlich zumindest. Für mich sind diese Internetportale nichts Außergewöhnliches, ich war sogar selbst mal in einem Portal angemeldet, wo speziell SM-Kontakte vermittelt werden. Wenn ich fünfundzwanzig Jahre zurückdenke, war an Sex-Portale oder ein Phänomen wie »Shades of Grey« natürlich noch nicht zu denken. Aber zu meiner Zeit gab es die *BRAVO*. Und ich kann mich erinnern, dass ich kein größeres moralisches Problem hatte, als ich mir mit siebzehn die Pille habe verschreiben lassen. Was bei meinen Eltern, also nur eine Generation vorher, ganz anders gewesen ist. Zitat meines Vaters: »Wir dachten, ein Mädchen kann schwanger werden, wenn man es küsst.« Küssen war gefährlich. Die Pille gab es noch nicht. Wer schwanger wurde, musste heiraten und für den Rest des Lebens mit seinem Partner zusammenbleiben. Natürlich gab es schon immer Menschen, die sexuell freier waren, doch für die Mehrheit der Menschen gehörte Sex einzig und allein in die Ehe und dort offiziell auch nur zum Kindermachen. Alles andere war verwerflich. Und zwar über hunderte von Generationen.

Warum ist das eigentlich so? Kaum jemand kommt auf die Idee, das Konzept der Ehe von Mann und Frau komplett infrage zu stellen. Könnte es nicht auch anders sein? Wer hat bestimmt, dass es gut wäre, wenn sich ein Mann und eine Frau zusammentun? Man kann sagen, das macht doch Sinn, die Ehe ist dafür gut, damit Mann und Frau Kinder kriegen und großziehen. Wenn wir uns heute allerdings die Herausforderungen von Paaren mit Kindern anschauen, sehen wir schnell, dass zwei Menschen eigentlich viel zu wenig sind, um Kinder vernünftig groß zu bekommen. Das Thema wird an Krippen & Co outgesourct, wo früher die Großfamilie geholfen hat. Männer wie Frauen sind überfordert von den neuen Rollenerfordernissen der modernen Kleinfamilie, und der Sex bleibt auf der Strecke. Bleibt weiterhin die Frage, warum Mann und Frau, wenn sie verheiratet sind, nur noch miteinander Sex haben dürfen und nicht mit anderen? Einen höchst interessanten Überblick über die geschichtlichen Entwicklungen, die zur Ehe geführt haben, habe ich in dem Buch *»gemeinsam frei sein«* gefunden. Und wie eine Gesellschaft ganz praktisch auf komplett anderen Grundlagen aufgebaut sein kann als unsere, können Sie im Buch »*Das Paradies ist weiblich*« nachlesen. Früher lebten die Menschen in Sippen zusammen, so wie es heute noch in einigen Naturvölkern der Fall ist. In diesen Sippen gab es keine Paare, sondern Familien, die nicht patriarchal, sondern matriarchal, also über die Linie der Mütter, organisiert waren. Der größte Unterschied zu unserer Gesellschaft war, dass es keine Väter gab. Man wusste nicht, wer der biologische Vater von einem Kind war, und es spielte auch keine Rolle. Jungen und Männer lebten bei ihren Müttern, und zwar auch im Erwachsenenalter noch. Die Frauen waren frei, sich Männer zum Liebemachen auszusuchen, und sich ineinander zu verlieben spielte dabei durchaus eine Rolle. Doch die sexuelle Verbindung war nicht an die Aufzucht von Kindern oder sonstige Verpflichtungen geknüpft. Man konnte einfach seinen Spaß haben, und wenn eine Liebesbeziehung vorbei war, hing davon nichts ab. Die Kinder, egal ob Junge oder Mädchen, lebten bei ihren Müttern und deren Sippe und wurden von allen gleichermaßen aufgezogen, sie hatten jede Menge Onkel und Tanten, aber eben keinen Vater. Dieses Sippensystem wurde etwa vor fünftausend Jahren zerschlagen, als die ersten Völker entstanden und Herrscher anfingen, Kriege gegen andere Völker zu führen, um sie zu unterwerfen. Zu diesem Zeitpunkt war es auf einmal wichtig zu wissen, von wem die Kinder der Frauen des eigenen Volkes stammten, denn es durfte keine Durchmischung mit unterlegenen Völkern geben. Das patriarchale System entstand, und den (männlichen) Herrschern war klar: Sie konnten die Menschen am besten kontrollieren, wenn jede Frau einem Mann aus dem eigenen Volk zugeordnet und alle sonstigen Sexualkontakte verboten wurden. Die Söhne aus dieser Verbindung konnte man dann in den Krieg schicken. Die Ehe ist also keine religiöse Erfindung, sondern ursprünglich eine politische gewesen. Die zunehmenden »männlichen« Religionen (in denen Gott bis heute noch männlich ist) haben diese Entwicklungen aufgenommen. In den vielen Jahrtausenden der matriarchalen Gesellschaften davor hatten die Frauen einen anderen Stellenwert, damals war auch die Gottheit weiblich. Noch heute gibt es einige Völker, die in matriarchalen Sippensystemen leben, zum Beispiel die Musou im Himalaya. Dort gibt es auch keine Väter, sondern nur Onkel. Die Männer leben bei ihren Müttern, und die Frauen haben eigene Häuser. Für sie ist es undenkbar, dass man seine ganze Existenz von der Bindung zu einem einzigen Mann abhängig macht, das können sich weder Frauen noch Männer in dieser Gesellschaft vorstellen. Genau wie ihre Lebensweise für uns kaum vorstellbar ist.

Es liegt mir fern, ein Geschichtsbuch zu schreiben, jedoch finde ich diese Aspekte hochinteressant und wichtig, um die Probleme zu verstehen, die heutige Paare haben. Für uns ist es einfach schon immer so gewesen, dass offiziell nur ein Mann und eine Frau, die verheiratet waren, Sex haben durften. Sie waren dafür aber auch sonst in allem verbunden und voneinander abhängig, wirtschaftlich und sozial. Mann und Frau waren eine Lebensgemeinschaft »bis dass der Tod sie scheidet«. Daher spielte die Qualität des Sex keine so große Rolle. Wirkliche freie Sexualität in festen Beziehungen konnte deshalb überhaupt erst anfangen sich zu entwickeln, als das Konstrukt der Ehe zu bröckeln begann.

Heute stehen wir an einem interessanten Punkt: Ein erfülltes Sexleben bekommt einen immer höheren Stellenwert innerhalb der Beziehung.

Wir sind theoretisch frei, zu tun und zu lassen, was wir wollen, müssen nicht mehr heiraten, um Sex zu haben, und können uns wieder trennen, wenn es nicht passt. Die äußeren Strukturen fallen weg. Beziehungen können gestaltet werden. Genau deshalb wird es immer wichtiger, wie »gut« die Beziehung und das Sexleben tatsächlich sind. Wenn die Beziehung nicht als erfüllend erlebt wird, wird sie wieder aufgelöst, und das geht heute viel leichter als früher. Paare wollen neben Kindern und gemeinsamer Freizeitgestaltung vor allem ein erfüllendes Sexleben und Nähe zueinander. Erst recht, wenn sie keine Kinder haben. Oder wenn die Kinder aus dem Haus sind. Leider wissen Paare oft nicht, wie man das bewerkstelligt. So etwas lernt man nicht in der Schule, und Gedankengut, das über einige tausend Jahre etabliert war, kann sich nicht innerhalb einer Generation ändern. Nicht umsonst gibt es immer mehr Sexratgeber, -therapeuten und -coaches.

Dieser Konflikt zwischen den jahrtausendealten Überzeugungen in unseren Köpfen und der sexuellen Freiheit, die uns überall vermittelt wird, ist die vielleicht größte Herausforderung, die Paare heute zu bewältigen haben. Wir wollen alle, aber irgendwie können wir nicht, und wir wissen noch nicht einmal genau, warum eigentlich nicht. Da sind wir Menschen nicht anders als die Flöhe im Glas: Es gibt ein wissenschaftliches Experiment, das im Zusammenhang mit Coaching oft erwähnt wird. Der Wissenschaftler setzt eine Population von Flöhen in ein Einmachglas, mit einem Glasdeckel oben drauf, der niedriger ist als die normale Sprunghöhe der Flöhe. Die Tierchen stoßen beim Springen also oben an den Deckel. Sie lernen schnell, dass dort eine unüberwindbare Barriere ist, und passen ihre Sprunghöhe an. Wenn man nun nach einiger Zeit den Deckel wegnimmt, hüpfen die Flöhe trotzdem nur bis zu dieser ehemaligen Barriere und nicht mehr höher. Ein neuer Floh, der in das Glas gesetzt wird, springt zunächst, seiner natürlichen Sprungweise entsprechend, höher. Er passt sich aber schnell an die anderen an und springt ebenfalls nur noch bis zum unsichtbaren Glasdeckel, so wie alle anderen. Er weiß selbst nicht genau, warum er das eigentlich tut.

Woche 1: Wer mehr Sex will, braucht einen Plan

Wenn die Erotik sich nicht mehr von selbst einstellt, braucht man einen neuen Zugang zu Sex. Und neue Gewohnheiten. Denn »zu müde« kann auch eine Gewohnheit sein.

Nachdem unser erstes Sex-Wochenende erfolgreich verlaufen ist, fühle ich mich noch Tage danach leicht und beschwingt. Trotz des schlechten Januarwetters, trotz der ersten Erkältung, die unser Großer aus der Kinderkrippe mitbringt. Und ich freue mich schon auf unsere nächste Zusammenkunft: Ende des Monats werde ich einen Vortrag in Nürnberg halten, wo uns die Hotelübernachtung sogar bezahlt wird. Ich weiß, dass ich auf dem richtigen Weg bin. Mein Ziel ist es, in diesem Jahr mindestens einmal im Monat ein Wochenende nur für uns zu organisieren, wo wir in Ruhe Sex haben können. Und ich möchte neue Dinge ausprobieren, nicht nur die Häufigkeit, sondern auch die Qualität unseres Sexlebens verbessern. Das ist alles noch sehr unkonkret, aber ich bin hochmotiviert. Und mein Partner ist neugierig, was ihn in diesem Jahr alles erwartet.

Übernachtung und Vortrag in Nürnberg funktionieren gut, wieder haben wir das Baby dabei, wieder haben wir

Sex. Nichts Spektakuläres, aber wir haben Sex. Doch bereits unser übernächstes geplantes Wochenende zwei Wochen später fällt ins Wasser: Baby bekommt den ersten Zahn. Kinder reagieren sehr unterschiedlich, was das betrifft. Für unsere Kleine ist es eine Katastrophe. Sie weint eine ganze Nacht lang, ausgerechnet kurz vor »unserem« Wochenende. Das gebuchte Hotel müssen wir absagen, die nächsten Tage bin ich erst mal mit Zahnen beschäftigt und danach nur noch müde. Klar, es kann immer sein, dass etwas dazwischenkommt, doch mich wirft das aus der Bahn. Die Tage vergehen und ich kann mich nicht aufraffen, neue Hotel-Termine für uns auszumachen. Viel zu anstrengend. Dazu kommt, dass ich irgendwie weder Lust noch Antrieb habe. Ich weiß, dass Sex mir guttut, doch im Moment fühlt sich dieses Wissen sehr theoretisch an. Nach der ersten Schwangerschaft war das kein Problem, ich hatte Lust wie eh und je. Doch diesmal ist es anders. Ich fühle mich, als wäre mein Sextrieb stillgelegt. Ausgeschaltet, weg, und ich vermisse noch nicht mal etwas. Lust, was ist das? Sex, wofür? Ich könnte es auch seinlassen, mir würde nichts fehlen. Jetzt verstehe ich, warum so viele Frauen nach der Geburt von Kindern keinen Sex mehr wollen. Wenn man sowieso ständig gefordert und müde ist, warum soll man dann etwas tun, wonach man gar kein Bedürfnis hat? Das geht mir schon seit der Geburt des Babys letzten Herbst so und ich habe das Gefühl, es wird sogar noch schlimmer. Deshalb hatte ich ja die Idee mit den Hotelübernachtungen. Um mich selbst zu überlisten. Scheint aber auch nur begrenzt zu funktionieren.

Durch Zufall stoße ich Ende Februar in einem Buch zum Thema Sexualität aus den 1970er Jahren über einen Begriff, den ich lange nicht gehört habe: Frigidität. Dieses etwas altertümlich anmutende Wort stammt aus dem Lateinischen (frigidus: kalt, kühl) und bedeutet so viel wie »Geschlechtskälte«, einen Mangel an sexuellem Verlangen oder sexuellem Gefühl. Hm, ob ich frigide geworden bin? Früher wurde dieses Wort fast ausschließlich im Zusammenhang mit Frauen verwendet, obwohl natürlich auch Männer davon betroffen sind.

Die frigide Frau ist fast so etwas wie ein Klischee, und auch wenn wir den Begriff heute nur noch selten gebrauchen, hat doch glaube ich jeder gleich ein Bild davon im Kopf.

Wieso verwendet man diesen Begriff eigentlich nicht mehr? Ist er der *political correctness* zum Opfer gefallen oder gibt es keine frigiden Frauen mehr? Letzteres glaube ich nicht, und wenn ich die einzige Betroffene bin. Beim weiteren Recherchieren stelle ich fest: Die Frage, wie man kühle Frauen heiß macht, beschäftigt auch die Wissenschaft seit vielen Jahren und unvermindert nach wie vor. Viagra für den Mann war eine Revolution und für alle am Vertrieb Beteiligten eine wahre Goldgrube. Dass ein »Viagra für Frauen« nicht minder erfolgreich wäre, liegt auf der Hand – nur leider ist das nicht so einfach. Wer sich mit dem Thema »Lustmittel für Frauen« auseinandersetzt, findet haufenweise Pillen, Pflanzen, Mittelchen und Pülverchen, die auf unterschiedlichste Weise Hilfe versprechen. Blöd nur: Bei Frauen ist die Sache mit der Lust ziemlich komplex und offenbar nicht mit einem Wirkstoff allein zu beheben. Viagra fördert beim Mann die lokale Durchblutung, und spätestens, wenn ER steht, hat Mann Lust und kann loslegen. Der gleiche Wirkstoff funktioniert bei Frauen ähnlich, nämlich lokal durchblutungsfördernd, doch das reicht leider nicht. Es kann durchaus sein, dass eine Frau damit mehr Lust empfindet, wenn sie sowieso mit ihrem Partner sexuell aktiv ist. Nur: Man muss ja erst mal sexuell aktiv werden. Wenn frau keine Lust hat, überhaupt ins Bett zu steigen, bringt ihr die verbesserte Durchblutung auch nichts. Man müsste ihr Lustzentrum im Hirn stimulieren. Mittlerweile wissen die Forscher, welche Hormone daran beteiligt sind, doch der entsprechende Wirkstoff-Cocktail hat leider noch ziemlich viele Nebenwirkungen. Im Sommer 2015 soll in den USA die erste Pille von der Food & Drug Administration freigegeben worden sein, die die weibliche Lust direkt im Hirn stimuliert. Eine ursprünglich als Mittel gegen Depressionen entwickelte Pille zeigte als eine Nebenwirkung ein gesteigertes Lustempfinden bei Frauen und darf jetzt zur Luststeigerung eingesetzt werden. Man muss sie aber verschreiben lassen und über längere Zeit täglich nehmen, damit sich die Wirkung entfalten kann. Eine einmalige Einnahme wie bei Viagra geht also nicht. Interessanterweise wurde sie ursprünglich in Deutschland entwickelt, irgendwann aber aufgegeben, weil die Zulassung als Frauen-Potenzmittel immer wieder abgelehnt wurde. Eine amerikanische Firma hat das Patent weiterentwickelt und jetzt ist es so weit. Ich werde neugierig. Sollte ich mir so etwas mal verschreiben lassen? Rein aus Interesse? Wahrscheinlich sollte ich aber besser erst mal die Stillzeit abwarten, vielleicht reguliert sich das ja von selbst wieder. Trotzdem recherchiere ich noch ein wenig weiter.

Ein weiteres verheißungsvolles Frauenpotenzmittel wird aktuell vom Biochemiker Adriaan Tuiten in Holland entwickelt, es besteht aus zwei verschiedenen Pillen, die Gehirn und Genitalbereich stimulieren. Lybrido und Lybridos heißen sie, und sie vereinen verschiedene Wirkstoffe, die in ihrer Kombination bisher einzigartig sind. Lybrido enthält den Viagra-ähnlichen Wirkstoff Sildenafil und zusätzlich einen nach Minze schmeckenden Überzug mit dem Hormon Testosteron. Sildenafil fördert die Durchblutung der Geschlechtsorgane und Testosteron soll Frau empfänglicher für sexuelle Reize machen und ihre Hemmungen lösen. Allein kann keiner der Wirkstoffe die weibliche Lust steigern, zusammen versprechen sie jedoch Erfolg. Die zweite Pille, Lybridos, enthält statt des Viagra-Wirkstoffs eine Substanz namens Buspiron. Diese war ursprünglich als Medikament gegen Angstzustände entwickelt worden. Es unterdrückt die Ausschüttung des sexualhemmenden Serotonins im Gehirn. Die richtige Wirkstoffzusammensetzung und das richtige Timing sind die Faktoren, die den Erfolg eines luststeigernden Mittels bei Frauen ausmachen. Den Forscher Adriaan Tuiten verbindet eine ganz persönliche Geschichte mit diesem Thema, finde ich in einem Buch. Mit Anfang zwanzig wurde er zweimal innerhalb eines Jahres und dann endgültig von seiner langjährigen Freundin verlassen, und dieses traumatische Erlebnis begründete seine Forscherkarriere. Er fand nämlich heraus, dass sich im Körper dieser geliebten Frau eine Verkettung mehrerer biochemischer Vorgänge (unter anderem ausgelöst durch die Pille und Diäten) abspielte, die bewirkten, dass sich ihr sexuelles Verlangen veränderte. Tuiten ist bis heute überzeugt, dass die Biochemie ihn die Liebe seines Lebens kostete und er will Frauen (und Männern!) helfen, damit sie langfristige Beziehungen aufrechterhalten können.

Ja, dass die Einnahme der Pille das Lustempfinden verändert, habe ich schon gehört. Ich glaube, ich sollte mich nicht verrückt machen. Ich habe vor einigen Monaten mein zweites Kind bekommen und fühle mich gerade ganz schön gestresst von allen meinen Herausforderungen. Dass da die Hormone weiteren Sex verhindern wollen, ist doch normal.

Und ich beschließe, dass ich mein Nicht-Bedürfnis nach Sex bewusst ignorieren werde.

Denn Bedürfnis hin, Bedürfnis her, es geht ja nicht nur um mich. Und wenn ich es nur meinem Partner zuliebe tue, ich werde dafür sorgen, dass wir regelmäßig Sex haben. Denn ich weiß um die Bedeutung von Sex für die Partnerschaft. Sich regelmäßig auch körperlich nahe zu sein, und nicht nur als Geschäftsführungs- und Kinderaufzuchts-Team zu fungieren, ist wichtig! Gerade wenn ein Paar sich in einer stressigen Lebensphase befindet. Und ich weiß: Die Lust kommt beim Tun, der Appetit kommt beim Essen. Wenn wir es nur tun, werde ich auch wieder Spaß dabei haben. Das habe ich ja im Januar gesehen. Nur, wie kriegen wir das hin, wenn sämtliche Erotik zwischen uns beim Windelwechseln, Geschäftsführen und Kinderzimmeraufräumen verloren gegangen ist?

Mir kommt eine Idee, und bei der nächsten Internetsuche stoße ich zufällig auf ein Buch mit einem 12-Wochen-Fitness-Programm. Mir geht ein Licht auf. 12-Wochen-Programm? Ich schaue mir das genauer an und stelle fest, es gibt alle möglichen 12-Wochen-Programme, fürs Abnehmen, fürs Fitwerden, zur Kreativitätssteigerung für Künstler, zum Bewältigen von Schmerzen und – schräg – zum Aktivieren seiner Schutzengel. Mir fällt es wie Schuppen von den Augen: Wir brauchen einen Plan! Einen Plan, der uns hilft, dass wir tatsächlich wieder regelmäßig Sex haben und es nicht nur beabsichtigen. Einen Plan für Sex. Warum nicht ein 12-Wochen-Programm? Wenn man in 12 Wochen schlank werden und mit den Schutzengeln reden kann, kann man doch auch wieder sein Sexleben aktivieren. Kürzer sollte es nicht sein, 12 Wochen scheinen mir eine realistische Zeitspanne, wenn es um so etwas Komplexes wie Sex geht. Schließlich müssen wir das ja zu zweit machen.

Also treffe ich eine Entscheidung: Wir werden 12 Wochen dieses Jahres unserem Sexleben widmen und uns einen Plan dafür machen. Ich werde einen 12-Wochen-Sex-Plan entwickeln!

12 Wochen, 12 Themen, 12-mal Spaß, 12-mal Sex. 12 Wochen mit jeweils einem Thema. Ein Vierteljahr ist ein überschaubarer Zeitraum, der lange genug ist, um wirklich etwas zu verändern. Ich mache allerdings gleich eine kleine Einschränkung: Mir ist klar, dass wir in unserer Situation

mit Kleinkind, Baby und Firma es nicht schaffen werden, das Programm in 12 direkt hintereinanderliegenden Wochen durchzuführen. Aber ich setze uns das Limit: Spätestens Ende des Jahres sind wir mit dem Programm durch und werden beide unser Sexleben als grandios bezeichnen. Das bedeutet jeden Monat mindestens eine Woche. 12 Wochen für ein grandioses Sexleben, das ist doch etwas! Dann kommt mir noch ein Gedanke: Es gibt mittlerweile überall »Challenges« und was wir machen wollen, ist so etwas Ähnliches. Vor zwei Jahren gab es die berühmten Ice Bucket Challenge, bei der sich jeder für einen guten Zweck einen mit Eiswürfelwasser gefüllten Eimer über den Kopf geschüttet hat. Mit Challenges wollten die Leute alles Mögliche erreichen. Die 30-Tage-Facebook-Challenge, die 8-Wochen-6-Pack-Challenge und vieles mehr. Also liegen wir voll im Trend! Ich schreibe eine Liste, was unser Programm enthalten soll. Was will ich erleben, was würde mein Sexleben grandios machen? Jetzt bin ich aufgeregt, spüre das Kribbeln im Bauch, das ich immer spüre, wenn ich eine grandiose Idee habe. Punkt eins auf der Liste: Ich möchte wieder regelmäßig Sex. Wenn wir es in jeder dieser Sexwochen zweimal tun, liegen wir sehr gut. Ich möchte mein sexuelles Profil erstellen und es mit dem meines Partners vergleichen. Es ist eine sehr gute Sache, zu wissen, woran wir überhaupt beim anderen sind. Ich bin neugierig darauf, so etwas auszuprobieren. Dann möchte ich eine Woche lang jeden Tag Sex haben. Das hatten wir am Anfang unserer Beziehung und es hat uns sehr gutgetan. Ein weiterer Punkt: Ich möchte gerne etwas mit Tantra machen. Was, weiß ich noch nicht, aber wir haben beide erste Erfahrungen mit Tantra-Workshops gesammelt, es wird Zeit, das einmal zusammen zu tun. Ich möchte neue Orte für anregende Begegnungen außerhalb unseres Bettes finden. Zu Hause finde ich es irgendwie nicht mehr so anregend. Oder, vielleicht können wir auch in dieser Hinsicht unsere Gewohnheiten verändern, damit ich wieder mehr Lust bekomme. Und ich will eine Möglichkeit finden, wie wir ganz normal im Alltag mehr Nähe erleben. Auch ohne Sex. Jede dieser 12 Wochen bekommt ein Motto, ein Thema, und wir werden das Besprochene in der jeweiligen Woche erleben und danach besprechen. Das kann an sieben Tagen hintereinander sein oder je nach Thema an einem Tag in der besagten Woche. Wichtig ist, dass wir es durchziehen und hinterher eine Veränderung merken. Ich plane nicht alles durch, schließlich kann sich auch spontan Erotik ergeben, und meinen Partner sollte ich natürlich ebenfalls erst mal fragen, ob er Wünsche hat. Ich male mir in bunten Farben aus, was wir alles unternehmen werden in den folgenden Monaten.

Später am Abend, als die Kinder im Bett sind, sitzen wir im Wohnzimmer auf der Couch, jeder vor seinem Laptop. Ich frage Frank, was er davon hält und ob er Lust auf diese 12 Wochen hat. Ich erkläre ihm, was ich mir überlegt habe und welche Themen ich mir bereits aufgeschrieben habe.

»Ja gut, lass uns das machen.«

Ich hatte nicht mit besonderem Widerstand gerechnet. Welcher Mann würde zu so einem Angebot Nein sagen? Besondere Wünsche hat er nicht, aber er denkt darüber nach, was ihm an Themen gefallen würde, was er noch gerne ausprobieren möchte. Okay, das wäre geklärt, wir können loslegen. Sein Blick wandert wieder auf seinen Laptop. Ich überlege: Es ist nur noch die Frage »Wie anfangen?« zu klären. Und wann? Die eine Sache ist, sich tolle Dinge im Kopf auszumalen, die andere ist, die Dinge umzusetzen. Wir wollen mehr Sex haben, also fangen wir doch mit Sex an. Gleich heute Abend! Bei dem Gedanken spüre ich wieder das Kribbeln im Bauch. Es wäre doch gut, den Status quo zu bestimmen am Beginn eines solchen Programms. Bewusst zu erleben, wo stehen wir, wie ist der Sex so bei uns? Was funktioniert, was nicht? Was macht Spaß, was ist langweilig? Beginnen wir das Sex-Programm mit Sex. Denn: Was will ich mit einem 12-Wochen-Programm, wenn ich schon an ganz normalem Sex scheitere? Also los.

Andererseits ...

Also, wenn das so einfach wäre, bräuchte ich die 12 Wochen ja nicht. Ich schaue ihn an, wie er in seinen Computerbildschirm vertieft ist. Jetzt noch Sex? Puuuhh, eigentlich finde ich es ziemlich spät. Und ich hatte heute schon die Idee mit dem Programm, das reicht doch erst mal. Umsetzen können wir unser Vorhaben später noch. Wir müssen nicht gleich anfangen. Lieber morgen. Und überhaupt:

Es ist nicht einfach, so ohne Weiteres Sex zu haben in unserer Situation.

Vielleicht sollten wir wirklich erst mal darüber schlafen? Und in Ruhe überlegen, womit wir anfangen. Oh Shit, da sind sie wieder, die Millionen Gedanken und Bedenken, die mir weismachen wollen, dass wir auf keinen Fall sofort in Aktion gehen sollen. Ich werde plötzlich fürchterlich müde.

Frank schaut mich an: »Willst du schlafen gehen?«

»Nein, lass uns Sex haben. Lass uns heute mit dem Programm beginnen. Jetzt, bevor wieder eines von den Kids wach wird.«

Jetzt habe ich es gesagt! Ich habe es tatsächlich gesagt.

»Okay, machen wir«, meint er unkompliziert.

Vielleicht sollte ich einfach öfter sagen, dass ich Sex will. Wir gehen ins Schlafzimmer. Obwohl mir im Moment nicht nach Sex ist, fangen wir an uns zu küssen und zu berühren und versinken in den Bettlaken. Ich merke, dass es mir gefällt und mich entspannt. Die Nähe und die Berührungen tun gut. War doch letztens in Hotel auch so, das hatte ich glatt vergessen. Irgendwann bekomme ich sogar wieder ein wenig Lust auf mehr und wir legen richtig los, ziehen uns aus und – haben Sex. Na bitte, geht doch! Ich bestätige mir, was ich in meinen Vorträgen sage: Die Lust kommt durchs Tun. Es war gar nicht so schwer. Und gar nicht so übel. Ich beschließe, wenn ich in Zukunft mal wieder keine Lust habe, freue ich mich einfach auf das schöne entspannte und befriedigte Gefühl hinterher. Heute schlafe ich jedenfalls entspannt und befriedigt ein. Der Status quo ist okay.

Unser »normaler« Sex dauert fünfzehn bis zwanzig Minuten und beinhaltet küssen, streicheln, oralverwöhnen, reinstecken, Höhepunkt, nachkuscheln. Ich würde mal sagen, wir machen schon einiges richtig, gleichzeitig gibt es eine Menge Potenzial für Verbesserung. Wie wäre es, einen ganz anderen Ablauf zu versuchen oder vielleicht auszuprobieren, dass mal nur einer den anderen verwöhnt ohne das übliche Wechselspiel von Geben und Nehmen und sich gegenseitig zum Höhepunkt zu bringen. Beim Tantra heißt das »Königsspiel« und kann mehrere Stunden dauern. Nun, ich habe ja heute schon einige Dinge aufgeschrieben, wir werden das Stück für Stück angehen.

Ich lächle. Geschafft! Unser 12-Wochen-Programm ist gestartet, die erste Hürde geschafft und ich bin wahnsinnig stolz auf mich. Wenn ich eine Entscheidung getroffen habe, bin ich meistens ziemlich schnell darin, sie umzusetzen. Wozu lange herumfackeln?

Wir haben in dieser Woche noch ein zweites Mal Sex, zwei Tage später. Diesmal kommt der Vorschlag von ihm. Zweimal die Woche ist für uns momentan überdurchschnittlich, und für mich, die ich keine Lust habe und dauernd müde bin, sowieso. Aber es tut so gut! Die erste Woche ist geschafft. Wir fangen langsam an.

Für die zweite Woche unseres Programms kommt mir beim Einschlafen nach dem zweiten Stelldichein eine Idee: Ich habe doch bei Groupon in einer Silvester-Aktion einen Beate-Uhse-Gutschein ersteigert, der irgendwo in meinem

Schreibtisch herumliegt. Den werden wir einlösen in etwas Tolles, das wir zusammen ausprobieren. Das plane ich für Anfang März.

Fazit Woche 1: Am besten fängt ein 12-Wochen-Sex-Programm mit Sex an! Damit ist die größte Hürde geschafft.

Woche 2: Feng-Shui im Schlafzimmer

Die Umgebung ist für guten Sex mindestens genauso wichtig wie das Tun an sich. Wer wieder ins Tun kommen will, tut sich in einem schönen Bett viel leichter.

In den ersten Märztagen beschäftige ich mich mit meinem Beate-Uhse-Gutschein. Ich stöbere mehrere Abende lang auf der Beate-Uhse-Website und überlege, was ich in unserer zweiten Sex-Programm-Woche erleben möchte. Ich frage meinen Partner, ob er eine Präferenz hat, er meint, ihm sei das egal, ich soll entscheiden. Hm, gar nicht so einfach. Die meisten Sachen, die mich interessieren, habe ich bereits. Wir könnten etwas davon ausprobieren, viele Spielzeuge habe ich von früher, die haben wir zusammen noch gar nicht benutzt. Sie liegen in einer Kiste und verstauben. Hm. Was soll ich kaufen? Vielleicht Dessous? Habe ich ebenfalls so viele, die könnte ich wieder anziehen. Verflixt, das kann doch wohl nicht wahr sein, mich macht gar nichts an. Ein neuer Vibrator? Nö, ich habe einen großen und einen kleinen für die Handtasche, das reicht mir.

Ich bleibe bei den Aphrodisiaka hängen. Vielleicht sollte ich es damit versuchen? Ich verwerfe den Gedanken wieder. Mit diesem Thema habe ich mich intensiv beschäftigt. Nein, ich will nur meinen Gutschein einlösen. Ich blättere ein paar Seiten weiter und lande bei Bettwäsche. Bei Beate Uhse gibt es Bettwäsche? Tatsächlich, in Rot und Schwarz, mit schönen Mustern und sehr … anregend. Das wäre es vielleicht! Ich schaue mir Modelle, Größen und Preise an und freue mich, dass ich eine Möglichkeit gefunden habe, den Gutschein einzulösen. Ich werde Bettwäsche bestellen! Das ist mal etwas echt Neues. Meine Überlegung: Bestimmt habe ich viel Lust, mich in die neue Bettwäsche hineinzukuscheln. Seit dem Einzug in unsere gemeinsame Wohnung vor fünf Jahren steht im Schlafzimmer ein schickes Designerbett aus rotem Plüsch, und dafür haben wir nur einmal Bettwäsche gekauft. Die restlichen Garnituren haben wir aus unseren alten Wohnungen zusammengewürfelt. Ich glaube, neue Bettwäsche würde unserem Schlafzimmer einen neuen Look geben, und wenn wir dann den ganzen Raum nochmal aufräumen, haben wir bestimmt mehr Lust, uns länger dort aufzuhalten. Frank hält mich wahrscheinlich für verrückt. Egal, er hat gesagt, ich soll entscheiden, also entscheide ich. Bettwäsche.

Zwei Tage später wird ein großes Päckchen geliefert. Ich nutze die Gelegenheit, unser Schlafzimmer unter die Lupe zu nehmen. Vielleicht können wir noch mehr verändern, was unsere eingeschlafene Lust aufweckt. Eine Freundin von mir, Danijela, ist Feng-Shui-Expertin und ich frage sie, ob sie unser Allerheiligstes durchchecken kann. Wennschon, dennschon. Ein Punkt auf meiner Liste war ohnehin, eine der 12 Wochen unserem Schlafzimmer zu widmen. Mit Feng-Shui werden wir unser Schlafzimmer so aufpeppen, dass der Sex dort zukünftig quasi von selbst passiert, nehme ich mir vor. Danijela kommt in der gleichen Woche und bewundert erstmal unsere neue Bettwäsche. Kissen- und Deckenbezüge aus schwarzem, weichem Satinstoff, darauf Worte wie »sweet«, »lovely« und »luxury room« in roter und anthrazitfarbener geschwungener Schrift. Auf dem roten Plüschbett sieht die Bettwäsche tatsächlich sehr verführerisch aus. Wir haben viel richtig gemacht in unserem Schlafzimmer, bescheinigt sie uns. Das Designerbett erfüllt alle Ansprüche, es ist sowohl gemütlich als auch optisch ansprechend, tagsüber können wir eine Tagesdecke mit den roten Rosen und die großen Kissen darüber drapieren, dann sieht es richtig edel aus. Im Raum sind keine sonstigen Möbel, die den Energiefluss stören. Neben dem Bett befinden sich nur rote Nachttische mit roten Lampen, dazu hellbeige Bettvorleger, ein heller Vorhang, das wars. Wir brauchen nicht einmal einen Kleiderschrank, wir haben ein Ankleidezimmer. Das Schlafzimmer ist bereits ein sehr guter Ausgangspunkt. Okay, in einer Ecke sind ein paar Legosteine auf dem Boden. Und zwei Kinderbücher. Und die rote Tagesdecke mit den Kissen liegt zusammengeknüllt in der anderen Ecke. Staub gewischt werden könnte mal wieder. In den Details können wir einiges verbessern.

Das Wichtigste liegt auf der Hand und sieht man auf den ersten Blick, meint unsere Feng-Shui-Expertin: Unsere Betten sind nicht gemacht. Das ist etwas, das sich bei den meisten einschleicht über die Zeit. Die Bettdecken werden nach dem Schlafen halb zusammengelegt und optisch eher unordentlich aufs Bett gelegt – wenn überhaupt. Bettdecken falten, glattstreichen, Tagesdecke drüberlegen, Kissen schön darauf platzieren, das ist alles viel zu aufwendig. Der Tag ist eh zu kurz und man liegt am frühen Abend schon wieder schlafend im Bett, wofür also der Aufwand? Manchmal denke ich vielleicht ein wenig zu pragmatisch. Denn damit im Schlafzimmer sexuell etwas geht, muss es anregend sein, erklärt uns Danijela. Wir erfahren, dass wir das »Chi« in unser Schlafzimmer locken müssen. Chi bedeutet Lebensenergie. Ein Haus oder eine Wohnung ist wie ein Mensch. Das Chi verteilt sich in einer Wohnung etwa so, wie sich Sauerstoff in den Zellen verteilt. Das heißt, Feng-Shui fängt bei der Eingangstür an: Wenn innen an der Tür jede Menge Jacken hängen (was bei uns auch so ist ...) und die Tür nur halb aufgeht, ist das so, als würde ein Mensch nur mit halboffenem Mund atmen. Ein Raum, der irgendwo ganz hinten oder verwinkelt in der Wohnung liegt, bekommt manchmal nicht genug Lebensenergie ab. Das kann man sich so vorstellen, wie wenn der Fuß zu kribbeln anfängt, weil er durch eingeschränkten Blutfluss nicht genügend Sauerstoff bekommt. Unser Schlafzimmer befindet sich am Ende der Wohnung, hinter zwei Durchgangszimmern und um zwei Ecken herum. Es ist einerseits sehr gemütlich, weil es unter einer Dachschräge liegt, aber es kann durchaus sein, dass nicht genug Chi dahin kommt. Wie wir das Chi denn anlocken können, frage ich Danijela. Ihre Antwort leuchtet ein, sie sagt, das Chi werde von schönen Dingen angezogen. Also von einem schönen gemachten Bett beispielsweise. Von der schönen Tagesdecke, den schönen Kissen. Wenn unser Schlafzimmer ein echter Anziehungspunkt wird, kommt genug Chi hinein, durch den Flur, das Kinderzimmer und das Ankleidezimmer hindurch. Man könne auch den Weg dahin mit schönen Dingen dekorieren, ergänzt sie ihre Ausführungen. Jetzt wird mir einiges klar. Ganz unabhängig von Feng-Shui sagt mir ja schon mein gesunder Menschenverstand, dass ein schön eingerichtetes und ordentliches Zimmer eine ganz andere Atmosphäre ausstrahlt als ein unordentliches. Man mag viel lieber reingehen und sich dort aufhalten. Die Umgebung schön zu gestalten, ist eigentlich immer gut, auch in anderen Räumen, jeder kennt die positive Wirkung auf den Arbeitsfluss, wenn der Schreibtisch aufgeräumt ist.

Wir haben eindeutig weniger Sex seit wir unser Schlafzimmer und vor allem das schöne Bett so verwahrlosen lassen. Das passiert aus Bequemlichkeit, klar, aber weniger Sex hat letztlich auch mit Bequemlichkeit zu tun.

Also war das mit der Bettwäsche goldrichtig. Betten machen steht zukünftig auf unserer morgendlichen To-do-Liste. Zuallererst muss alles raus aus dem Schlafzimmer, was nicht hineingehört. Wir fangen mit den bunten eckigen kleinen Lego-Störenfrieden und den Kinderbüchern an und bringen sie ins Kinderzimmer. Dort bleiben Danijela und ich nochmal hängen, hier hat sie ebenfalls einige Verbesserungsvorschläge. Denn ein ruhiger Kinderschlaf hilft dabei, dass die Eltern Sex haben können. Im Kinderzimmer räumen wir die Betten und ein paar Schränke um, nachdem Danijela Wasseradern identifiziert hat und uns erklärt, dass das Zimmer insgesamt mit dem vielen Spielzeug viel zu unruhig wirkt. Ich schreibe »leere Kisten kaufen« auf die To-do-Liste, damit Bauklötze und Autos besser verstaut werden können und wir sie nicht mehr sehen. Wir teilen das Zimmer in Schlaf- und Spielecke auf und drehen einige Regale so, dass von den Betten aus der Blick auf die Seitenwände oder Rückseiten fällt. Das Kinderzimmer sieht gleich ordentlicher, schöner und vor allem nicht mehr so unruhig aus und kann das Chi besser durchleiten.

Ich bekomme Lust auf unser Bett und die neue Bettwäsche, und als Danijela wieder weg ist, verabrede ich mit meinem Partner, sie noch am gleichen Abend angemessen einzuweihen. Vorher wischen wir gemeinsam Staub und richten alles schön her. Ja, es kommt wieder Bewegung in unser eingeschlafenes Sexleben. Es sind nur Kleinigkeiten, doch ich habe das Gefühl, die machen eine Menge aus. Zugegeben: Der Sex in der neuen Bettwäsche ist nicht wesentlich anders als sonst. Aber immerhin, ein Grund, Sex zu haben, ist sie allemal. Wieder schlafe ich entspannt und befriedigt ein. Ich denke kurz, dass es mir fast reicht, wenn wir es regelmäßig tun. Doch diesen Gedanken verwerfe ich wieder. Denn ich habe noch einiges mehr vor in diesem Jahr. Beim Einschlafen nehme ich mir vor, unsere dritte Sex-Woche den Zärtlichkeiten im Alltag zu widmen und damit nicht mehr lange zu warten. Ich bekomme langsam Lust auf mehr.

Fazit Woche 2: Geschafft! Ich bin erstaunt, welchen Unterschied gemachte Betten machen!

»SOCKEN NEBEN DEM BETT SIND GERÜMPEL« INTERVIEW MIT FENG-SHUI-EXPERTIN DANIJELA SAPONJIC

Danijela, du schaust anderen Menschen ins Schlafzimmer. Was, würdest du sagen, ist es, was die meisten Menschen falsch machen?
D: Die meisten Fehler bestehen darin, dass das Schlafzimmer nicht mit genug Wärme und Liebe eingerichtet ist. Die Schlafzimmer sind viel zu kühl und funktional, halt nur fürs Schlafen. Dann schläft man aber eben dort auch nur.

Was heißt kühl und funktional genau?
D: Das heißt, grelle Beleuchtung von der Decke herab, unterschiedliche Bettwäsche-Sets. Nur auf einer Seite ist ein Nachtkästchen, auf der anderen nicht. In der Ecke stehen z.B. der Staubsauger und/oder der Wäscheständer. Die grelle Beleuchtung von oben ist der Liebestöter schlechthin. Keine Stoffe, also keine Gardinen und keine Teppiche, das ist schlecht. Den Raum nur zum Schlafen zu betreten, ist falsch. Wenn man dort was anderes als schlafen tun will.

Was ist denn das Krasseste, was du jemals gesehen hast?

D: Was ich bereits alles in Schlafzimmern gesehen habe, ist wirklich ein Wahnsinn. Von Bildern nackter, fremder Frauen, die im Schlafzimmer hängen, über alte Pistolen an der Wand bis hin zu Jugendzimmer-Betten bei Single-Männern. Ein Paar hatte ein Doppelschwert aus Eisen im Samurai-Stil über dem Bett hängen. Ein weiteres Beispiel die Dame, die ihr großes Bett mit ihrem großen Hund geteilt hat. Eigentlich hat sie sich einen Partner und ein Liebesleben gewünscht und hat sich gefragt, warum sie niemanden findet.

Wenn es im Bett nicht so läuft ... Woran könnte es aus Feng-Shui-Sicht liegen?

D: Da habe ich einige Beispiele. Jeder kann für sich mal schauen, was ihm selbst auffällt im Schlafzimmer, was ein Liebestöter sein könnte.

- Die heilige Mutter Maria als Statue auf dem Nachtkästchen mit Blick aufs Bett habe ich gerade in ländlichen Gegenden immer wieder gesehen.
- Auch drei Jahre nach dem Einzug hatte jemand noch keine Vorhänge und nur eine Glühbirne mit Fassung im Schlafzimmer, dazu einige Umzugskartons, die sonst nirgendwo Platz fanden
- Einmal war ich bei einem Ehepaar, das sehr Afrika-affin war, es hatte Stachelschweinspitzen als Dekoration auf den Nachttischlampen. Die Spitzen zeigten auf das Bett.
- Eine Familie hatte tatsächlich eine Neonröhre – wie in einem Büro – in ihrem Schlafzimmer.

Da stellt sich dann auch die Frage, ob mit Licht an oder aus, nicht mehr, oder?

D: In diesem Fall ist dann wohl Licht aus die bessere Wahl.

Was hältst du denn von buntem Licht oder Lampen, die ihre Farbe wechseln?
D: Alles, was Stimmung macht und gefällt, ist erlaubt. Das A und O ist wirklich, dass man sich wohlfühlt. Beim Hereinkommen muss man sich direkt wohlfühlen und am liebsten ins Bett springen wollen. Frauen brauchen ja bekanntlich beim Liebesspiel schon etwas mehr Zeit, und dafür wird einfach das richtige Setting benötigt! Es gibt wirklich schöne LED-Leuchten, die ganz harmonisch das Licht wechseln – wer das mag – Ja! Das Schlafzimmer muss gemütlich und einladend sein!

Ich habe mal in einem Tantra-Buch gelesen, dass man einen Liebesaltar aufbauen soll. Was denkst du darüber?
D: Aus Feng-Shui-Sicht ist es nicht notwendig, aber es spricht auch überhaupt nichts dagegen. Eigentlich sollte das ganze Schlafzimmer der Liebe gewidmet sein, nicht nur eine Ecke.

Was macht man denn, wenn das Schlafzimmer sehr ungünstig geschnitten ist? Z.B, sehr klein oder sehr groß, viele Ecken, viele Fenster usw.?
D: Es ist wichtig, Räume zu kreieren. Wenn man einzieht, kann man es sich ja erst mal nicht aussuchen. Aber man kann den ungemütlichsten Raum gemütlich machen. Zum Beispiel, wenn ein Schlafzimmer sehr groß und weitläufig ist, sodass man sich darin verläuft, oder sehr klein, sodass man das Gefühl hat, die Wände erdrücken mich, kann ein Betthimmel (Baldachin) sehr gut Abhilfe schaffen. Dieser macht aus dem Schlafbereich ein gemütliches Nest. Durch den Stoff des Baldachins werden die Dinge, die sich nicht gut anfühlen (viele Ecken, Fenster etc.), ausgeschlossen. Wenn man dann im Bett ist, ist man tatsächlich in seinem eigenen Nest. Fenster

direkt über dem Bett sind übrigens ungünstig, die sollte man auch mit einem Stoff verhüllen.

Thema Kleiderschrank oder Kommode. Was kannst du dazu sagen?

D: In achtzig Prozent der Zeit tragen wir zwanzig Prozent unserer Lieblingsklamotten. Das gilt auch für die Unterwäsche. Unter diesem Gesichtspunkt kann man sich fragen: Was brauche ich, und was nicht? Was ist sexy, was nicht? Das ist der erste Schritt beim Thema »Ausmisten«. Sachen, die nicht schön sind, oder ausgewaschen oder gar kaputt, wegwerfen. Es bringt schon viel, mit einem Ding anzufangen. Man kann auch seinen Partner mal fragen, welches Unterwäsche-Stück findest du am wenigsten sexy? Und dann weg damit. Wenn man die alten Sachen wegwirft, können neue kommen.

Was hältst du von SM-Möbeln wie Andreas-Kreuzen oder Metallbetten?

D: Das ist natürlich ein Extrem. Feng-Shui strebt immer nach dem Gleichgewicht. Eine gute Lösung wäre z.B., wenn man das Kreuz »hervorziehen« kann, aber auch wieder verstecken kann. Je nachdem, was man gerade braucht. Permanent etwas im Schlafzimmer zu haben, was an Lust und Schmerz erinnert, muss jeder für sich selbst entscheiden, ob man das möchte. Aus Feng-Shui-Sicht ist es gut, eine Abgrenzung zu schaffen und solche extremen Spielzeuge nicht permanent sichtbar zu haben, vielleicht möchte man ja auch mal einen Quickie oder Kuschelsex.

Aus Feng-Shui-Sicht … Wie ist das mit den Socken neben dem Bett?

D: Socken sind in diesem Fall Gerümpel. Für mich sind Socken Liebestöter Nummer 1! Wenn sie dann noch neben dem Bett liegen, ist es ja evtl. auch eine Geruchsbelästigung, es sieht nicht schön aus und erzeugt keine Gemütlichkeit! Aus Feng-Shui-Sicht haben Socken neben dem Bett gar nichts zu suchen!

Das waren jetzt viele verschiedene Tipps. Wenn man nur eine einzige Sache beachten sollte, welche wäre das?
D: Es sind eigentlich drei Dinge, die man meiner Meinung nach beachten muss:
- Gemütliches Licht! Das ist ganz wichtig.
- Bau dir im Schlafzimmer bzw. Bett ein Nest!
- Alles, was nicht zum Liebesleben und zur Partnerschaft gehört, muss raus! Die Klassiker sind hier Staubsauger, Wäschekorb, Spielzeug. Wenn in der Wohnung nicht so viel Platz ist, alles in einen Schrank verstauen und Tür zu machen …

Im Feng-Shui heißt es, eine Liebe, Partnerschaft oder Ehe steht und fällt im Schlafzimmer. *Immer!*

Woche 3: Ein kleines Ritual mit großer Wirkung

Echte Verbindung zum Partner entsteht viel schneller und zuverlässiger über den Körper. Der Kopf denkt heute so und morgen so.

Montagmorgen, Mitte März. Wann haben wir uns zuletzt geküsst? Einfach so, zwischendurch. Hm, das muss eine Weile her sein. Ich überlege. Beim letzten Mal Sex wahrscheinlich. Inzwischen ist einige Zeit vergangen. Mindestens eine Woche. Ich gehe ins Arbeitszimmer und gebe meinem Partner ein Küsschen. Einfach so. Er schaut mich an.

»Das darfst du gerne öfter machen.«

»Ja, finde ich auch.« Ich küsse ihn nochmal.

Dieses soll unsere dritte Woche im Sex-Programm werden, und ich widme sie bewusst nicht dem Sex, sondern den sonstigen körperlichen Kontakten, die wir haben. Oder auch nicht. Denn eine Sache darf bei einem Sexprogramm nicht zu kurz kommen: Zärtlichkeiten im Alltag. Es ist vergleichsweise viel einfacher, sich in der erotischen Umgebung eines Swingerclubs näherzukommen als im Alltag, wenn die Kinder quengeln und das Telefon läutet. Finde ich. Deshalb brauchen wir etwas für den Alltag. Ein Ritual, etwas, das wir jeden Tag machen, so wie Zähneputzen. Wir haben unser Schlafzimmer aufgepimpt, doch wir brauchen mehr, um uns wieder näherzukommen. Am besten auch außerhalb des Schlafzimmers. Das sollte etwas Körperliches sein. Jeden Tag fünf Minuten lang umarmen oder Ähnliches. Ein Umarmungs-Ritual. Körperliche Nähe ist für Beziehungen unglaublich wichtig und wird von vielen Paaren unterschätzt.

Je mehr Körperkontakt, desto stärker die Beziehung.

Ich überlege, wie wir das in unserem vielfältigen Alltag unterbringen können, so dass wir es wirklich tun. Wenn Paare länger zusammen sind, lässt häufig das Bedürfnis, den anderen anzufassen, zu küssen und den eigenen Körper an den des anderen zu drücken, nach. Man macht das nicht mehr »automatisch« und wenn man es nicht bewusst tut, passiert irgendwann gar nichts mehr. Leidenschaft, Erotik und sexueller Antrieb werden in festen Beziehungen von selbst weniger, wenn man nichts dafür tut. Habe ich im Buch »Guter Sex trotz Liebe« von Ulrich Clement gelesen. Mir fällt sofort der Vergleich ein: Das ist so wie die Schwerkraft, die dafür sorgt, dass Sachen nach unten fallen, wenn man sie nicht festhält. Das passiert einfach. Clement begründet das Nachlassen der Erotik vor allem damit, dass zwei Individuen mit zwei unterschiedlichen sexuellen Profilen sich in festen Beziehungen nach dem Verschwinden der Verliebtheit nicht mit ihrer erotischen Vielfalt begegnen, sondern sich auf dem kleinsten (langweiligen) gemeinsamen erotischen Nenner treffen. Keiner will den anderen überfordern oder abschrecken, also macht man nur noch das, was in der gemeinsamen Komfortzone liegt. Der Sex hat dann meistens einen bestimmten Ablauf, ist vorhersehbar und bietet kaum noch Überraschungen.

Ich würde diesen Punkt ergänzen: Schleichend, ohne es zu merken, hat man immer weniger körperlichen Kontakt und auch aus diesem Grund weniger Lust auf den anderen. Das ist aus meiner Sicht mindestens genauso relevant. Ich habe vor einigen Jahren mal ein Buch über den fünften Sinn, den Berührungssinn des Menschen, geschrieben, und war damals schon überzeugt: Dieser Sinn wird bei uns in der westlichen Welt viel zu wenig angesprochen. Der Sehsinn wird exponentiell häufiger gefordert durch die vielen elektronischen Medien. Dabei ist der Tastsinn der wichtigste aller menschlichen Sinne, er ist der erste, über den wir schon als Embryos verfügen und der umfassendste, ohne den wir keine Sekunde überleben würden. Wir haben Millionen von Tastrezeptoren in unserer Haut und überall im Körper, und wenn diese im richtigen Verhältnis angeregt werden, geht es uns gut. Die große Gefahr für Paare, die sich nur noch selten berühren: Sie verlieren die emotionale Verbindung.

Wenn die große Projektion der Verliebtheit nicht mehr ständig Bilder des anderen im Kopf erzeugt, braucht ein Paar die Berührung, um sich überhaupt als Paar zu erleben.

Mein Partner und ich sind typische Exemplare einer Generation und eines Landes, für die Nähe ein schwieriges Thema ist. Wir kommen beide aus Familien, in denen körperliche Zärtlichkeiten keine so große Rolle gespielt haben, wo Babys allein ins Bett gelegt und am besten nur zum Füttern herausgenommen wurden. Erst in den letzten Jahren gibt es wieder klare Trends, dass Babys und kleine Kinder mehr Körperkontakt bekommen. Ich habe kürzlich einen alten Baby-Ratgeber von meiner Mutter aus den 1960er Jahren gelesen, da ist mir einiges klargeworden. Das hat uns natürlich geprägt. Wahrscheinlich ist es bei den meisten Vertretern unserer Generation so, dass sie ein ambivalentes Verhältnis zu Nähe haben. Man wünscht sie sich, ist aber nicht so richtig in der Lage, dafür zu sorgen, dass man sie tatsächlich bekommt. Die Familie meines halb-rumänischen Exmannes war da ganz anders. Sie war um ein Vielfaches herzlicher und vor allem körperlicher, man wurde zu jeder Gelegenheit umarmt und geknuddelt, mir war das fast schon zu viel. Mich hielten sie für komisch und dachten, ich würde sie nicht mögen, weil ich immer so distanziert wirkte.

Dass körperliche Nähe für Paare wichtig ist, hat mittlerweile auch die Wissenschaft bestätigt. Menschen, die nur wenig sexuelle Nähe mit ihrem Partner haben, denken unbewusst negativer über ihren Partner als Menschen, die mit ihrem Partner regelmäßig Sex haben. Und zwar unabhängig davon, ob sie behaupten, Sex sei wichtig für sie. Forscher haben in einer Studie herausgefunden, wie Paare unbewusst ticken. Regelmäßiger Sex ändert das innere Bild, das jemand von seinem Partner hat. Viele Paare, die schon mehrere Jahre zusammen sind, behaupten, dass Sex für Qualität und Tiefe ihrer Beziehung keine Rolle spielt. Sie sind überzeugt, ein gutes Team zu sein. Kindererziehung, Job, gemeinsames Haus usw. seien genügend Elemente, die die Verbindung stärken. Weit gefehlt! Die Wissenschaftler wollten es genau wissen: Sie haben in speziellen psychologischen Tests die unbewussten Gedanken der Partner entschlüsselt – das Bauchgefühl – und haben festgestellt, dass sich die Partner sehr viel weniger verbunden fühlen, wenn sie keinen Sex haben. Sie denken heimlich schlechter über ihren Partner, haben mehr an ihm auszusetzen, finden ihn weniger attraktiv. Vielleicht gehört es zum guten Ton, dass man behauptet, trotzdem und ohne Sex zufrieden in der Beziehung zu sein.

Fakt ist, mit regelmäßigem Sex fühlt man sich seinem Partner verbundener, empfindet ihn als angenehmer, fühlt sich in der Beziehung wohler.

Es gibt mittlerweile viele Experimente der Art »100 Tage Sex«, die das alle bestätigen. Ich finde es absolut logisch! Unsere Gefühle kommen ja nicht aus dem Verstand, sondern aus dem Körper. Wenn wir uns körperlich nicht nah sind, fehlt etwas Entscheidendes. Und wenn es nicht Sex ist, dann wenigstens intensives Kuscheln, Umarmen oder Küssen. Bis zu einmal in der Woche Sex wäre laut Forschern ideal, mehr stärkt die Verbindung nicht weiter. Es gibt mittlerweile eine eigene Forschungsrichtung, die sich dem Thema Körper und Emotionen widmet, genannt »Embodiment« (auf Deutsch: Verkörperung oder Verleiblichung). Wo die Wissenschaft mit der Psychosomatik untersucht hat, wie sich (negative) Gedanken und Stress auf den Körper auswirken und Krankheiten erzeugen können, beschäftigt sich Embodiment mit der Frage, welchen Einfluss der Körper bzw. die Körperhaltung auf den Geist hat. Grob gesagt. Heutzutage hat wahrscheinlich jeder schon gehört, dass eine zusammengesunkene Körperhaltung auf Dauer Depressionen begünstigt und dass, wenn man einen Stift quer zwischen den Lippen hält und somit künstliches Grinsen erzeugt, man nach einigen Minuten positivere Gefühle hat. Die Forscher haben die verrücktesten Dinge untersucht, was Embodiment betrifft. Zum Beispiel, dass Menschen eine Überzeugung als stärker empfinden, wenn sie mit dem Kopf nicken, während sie daran denken. Wenn Leute hingegen an ihre Überzeugung denken und dabei den Kopf schütteln, wird die Überzeugung schwächer. Das ist tatsächlich messbar. Es heißt: Wir lachen, weil wir glücklich sind und wir sind glücklich, weil wir lachen. Auf den Sex bezogen hieße das: Wenn wir verliebt sind, haben wir viel Sex, und wenn wir viel Sex haben sind wir … verliebt? Ja, es funktioniert tatsächlich. Das muss man wahrscheinlich selbst ausprobieren, um es zu glauben.

Zurück zu unserem Ritual. Ich möchte also, dass wir uns im Alltag öfter in den Arm nehmen und küssen. Es gibt tatsächlich Tage, an denen wir das gar nicht tun. Doch jetzt, wo ich mich intensiver damit beschäftige, kommt mir die perfekte Idee: Wir haben uns doch sowieso ein gemeinsames Ritual angewöhnt, nach unserem letzten gemeinsamen Seminarbesuch. Jeden Morgen nach dem Frühstück lesen wir gemeinsam laut zwölf Affirmationen zum Thema »Reichtum, Geld und Fülle«. Unsere Einstimmung auf den Arbeitstag, die uns hilft, uns auf unsere Ziele zu fokussieren und die anstehenden Aufgaben mit Motivation zu bewältigen. Wir werden dieses Ritual verlängern, beschließe ich. Wir werden uns nach dem Lesen umarmen und einen langen Kuss geben. Jeden Tag. Das dauert nicht mal fünf Minuten, und es wird ein kurzer Moment körperlicher Verbundenheit, mit der wir den Tag starten. Ich bin gespannt, ob das schon »reicht«.

Ich sage Frank am Abend, was ich vorhabe, und er ist wie immer einverstanden. Gleich am nächsten Morgen, am Dienstag, beginnen wir mit dem verlängerten Tages-Einstimmungs-Ritual und ich fühle mich danach nochmal motivierter. Am Mittwoch denke ich, es wäre schön, sich öfter zu umarmen. Und am Donnerstag lässt mich Frank gar nicht mehr los und ich spüre, dass er am liebsten gleich Sex hätte. Na bitte, funktioniert doch! Wir machen das noch einige Tage weiter so und ich beobachte genau, wie sich meine Stimmungslage und vor allem meine Gefühle ihm gegenüber verbessern. Dann gibt es ein paar Tage, an denen wir unser Ritual nicht durchführen, weil Frank kurz vor Ostern beruflich unterwegs ist. Und als er wieder da ist, vergessen wir es. Eier verstecken, Großeltern besuchen, mit den Kindern spielen, wir verlieren unseren Fokus. Ein paar wenige Tage, an denen wir uns nicht küssen und umarmen, und ich merke, wie sich meine Gedanken wieder verändern. Am Tag sieben habe ich das Gefühl, eine gewisse Distanz tritt zwischen uns. Fast unmerklich, doch eindeutig. Wenn ich meinem inneren Dialog zuhöre, sind da mehr Vorwürfe gegen ihn. Wieso nimmt er mich nicht einfach mal in den Arm? Wieso schaut er abends Filme anstatt mit mir zu kuscheln? Und wieso muss ich mich immer um diese Zärtlichkeits-Sachen kümmern, das könnte er doch auch tun! Und überhaupt muss ich ja immer an alles denken. Zähneputzen bei den Kindern zum Beispiel, das könnte er auch mal machen, ohne dass ich ihn daran erinnern muss! Und so weiter und so fort ... Kann es wirklich sein, dass eine einzige bewusste lange Umarmung mit einem Kuss am Tag so einen großen Unterschied macht? Offensichtlich ja. Ihm geht es ähnlich und wir beschließen, dass wir in Zukunft mehr darauf achten werden, unser Morgenritual nicht zu vergessen.

Ich glaube, so ein kleines Ritual könnte ein guter Test sein, wenn Paare sich nicht mehr sicher sind, ob sie überhaupt zusammenbleiben wollen.

Es kommt häufig vor, dass einer sich unsicher ist oder sogar beide unsicher sind, ob sie in der Beziehung bleiben möchten oder nicht. Was dann normalerweise passiert, ist, dass das Paar sich ständig einen Kopf macht. Nachdenkt: Soll ich bei ihr bleiben, soll ich sie verlassen? Ist er noch der Richtige oder ist es vorbei? Damit kann man sich Tage, Wochen und Monate beschäftigen, vielleicht sogar Jahre, und zu keinem Ergebnis kommen, weil sich die Gedanken und Gefühle ständig ändern. Auf der körperlichen Ebene spürt man es viel schneller und deutlicher, ob die Liebe verschwunden oder noch da ist und ob sie sich nochmal reaktivieren lässt.

Nachdem die Osterferien vorbei sind und der Alltag eingekehrt ist, denken wir wieder an unser Ritual. Mein Partner erinnert mich an die Affirmationen und ich ihn an die Berührung. Gesagt, getan, wir führen unser Ritual wieder durch und denken auch in den nächsten Tagen daran. Sofort ist sie wieder da – mehr Verbundenheit. Am dritten Tag mache ich es mir nochmal ganz bewusst: Dieser Mann ist der Richtige. Wenn ich ihn umarme und küsse, spüre ich es genau. Trotz aller Herausforderungen, es lohnt sich, weiter in diese Beziehung zu investieren. Wir beschließen, dass wir am Wochenende darauf wieder Sex haben. Im Bett mit unserer neuen Bettwäsche!

Fazit Woche 3: Geschafft – und was wir erlebt haben, werden wir weiterführen. Das Ritual soll ein fester Bestandteil unseres Tagesablaufs bleiben, darin sind wir uns einig. Überhaupt sind wir uns in vielem einig. Es gibt keinen Besseren als ihn!

Woche 4: Eine ganze Woche nur für Sex-Urlaub Plus

Verliebte Paare verlassen manchmal tagelang nicht das Bett, außer vielleicht zum Einkaufen und Essen. Paare, die länger zusammen sind, schaffen es oft kaum noch zusammen ins Bett. Die Zeit zu zweit muss man sich nehmen, und wenn man es tut, funktioniert es auch. Die, die so tun, als wären sie verliebt, werden es auch wieder.

Was in unserem 12-Wochen-Programm nicht fehlen darf, ist eine Woche, in der wir uns ausschließlich dem Thema Sex widmen. Von morgens bis nachts. Ganz am Anfang unserer Beziehung hatten wir jeden Tag Sex. Es hat uns damals sehr gutgetan und viel Spaß gemacht. Ich glaube, seitdem haben wir das nicht mehr hingekriegt. Aber jetzt darf und muss es wieder sein! Wir wollen schließlich ein grandioses Sexleben. Und eine Woche uns diesem Thema intensiv zu widmen, das kriegen wir hin.

Ein Jahr hat 52 Wochen, in denen wir uns um alles andere kümmern können, in dieser einen Woche soll die schönste Nebensache der Welt zur Hauptsache werden.

Das Gute ist: Genau so eine Woche haben wir für dieses Jahr ohnehin eingeplant, denn diesen Gedanken hatte ich bereits im letzten Herbst. Für Ende April steht sie im Kalender, die eine Woche nur für Sex. Und wir bleiben nicht zu Hause im Bett, sondern fahren dafür in ein wunderschönes Wellness-Resort in Südtirol. Zu Hause mit den Kindern um uns herum würde das nicht funktionieren. Außerdem wird es nicht nur einfach Urlaub, es wird mehr. Ich habe Ende letzten Jahres ein neues Seminarkonzept entwickelt, das wir dieses Jahr Ende April, perfekt passend zu unserer 12-Wochen-Sex-Challenge, erstmalig veranstalten. Ein Pleasure Retreat für Paare, die ihr Sexleben aufpeppen wollen. Mir wurde letzten Sommer der Tipp gegeben, mich mit amerikanischen Sex-Coaches zu beschäftigen und mich von denen inspirieren zu lassen. Obwohl die Amerikaner als sehr prüde gelten und es in der Mehrzahl wahrscheinlich auch sind, gibt es dort einige Experten für das Thema mit wirklich spannenden Angeboten. Unter anderem habe ich dort verschiedene einwöchige Sex-, Orgasmus- und Erleuchtungs-Retreats für Paare in 5-Sterne-Plus-Resorts zum Beispiel in Mexiko entdeckt. Wow, das wärs, habe ich damals gedacht! Eine Woche lang Sex rund um die Uhr, mit Coach und Anleitung, und das in einer luxuriösen Umgebung, in der man sich um nichts sonst kümmern muss. Nicht in Seminarhäusern, die eine Atmosphäre von Lernen oder gar Jugendherbergs-Charakter ausstrahlen, sondern in Luxus-Resorts, die totale Entspannung, Wohlstand, Nichtstun, Fülle und Dekadenz vermitteln. Beim näheren Hinsehen musste ich allerdings feststellen, dass diese Retreats – obwohl mit einem wirklich stattlichen Preis versehen – für die nächsten zwei Jahre ausgebucht waren. Davon abgesehen, mit einem Kleinkind und frisch geborenem Baby war es nicht realistisch, dass wir zu zweit für eine Woche nach Mexiko zu einem Sex-Retreat fliegen.

Der Gedanke hat mich aber nicht mehr losgelassen. Beim nächtlichen Stillen hatte ich viel Zeit nachzudenken. Wie genial wäre das, wirklich eine ganze Woche nur dem eigenen Sexleben zu widmen. Gerade Paare wie wir, die vielleicht Kinder, ein eigenes Geschäft, stressige Berufe oder was auch immer zu managen haben, finden ja selten richtig viel Zeit für Sex. Höchstens gibt es mal ein verlängertes Wochenende, ansonsten wird die Zeit zu zweit immer irgendwo reingequetscht. Doch in einer ganzen Woche könnte man richtig viel ausprobieren, erfahren und sich intensiv auf das Thema einlassen, so mein Gedanke letzten Herbst. Man könnte natürlich auch organisierten Sex-Urlaub machen. Da gibt es mittlerweile ziemlich viel zu erleben, und ich musste schmunzeln, als ich im Internet Angebote für Paare gefunden habe, von Kuschelhotels über Swinger-Kreuzfahrten bis hin zu BDSM-Camping (!). So ein Sex-Urlaub wäre schon auch etwas, aber erst im zweiten Schritt. Dafür müssten wir genau wissen, was wir wollen. Wir hätten, glaube ich, gerne eine Anleitung. Von jemandem, mit dem wir erst mal reden könnten. So etwas Ähnliches wie eine Paartherapie. Aber eben keine Therapie. Wir sind ja nicht krank. Ja, jemanden, der uns helfen könnte, uns sexuell wieder näherzukommen. Einen Coach. Eine wichtige Voraussetzung für mich als Teilnehmerin so eines Retreats wäre außerdem, dass meine bzw. unsere Privatsphäre gewahrt bliebe, und dass die Übungen nicht in einer Gruppe stattfänden. Gespräche, Vorträge und Austausch ja, praktische Übungen bitte nein. Nicht, dass ich prüde wäre, ich habe durchaus schon öfter alles Mögliche mit (nackten) anderen Menschen getan. Doch darum ging es mir bei meinen Überlegungen nach der Geburt meines zweiten Kindes nicht. Es ging und geht heute vor allem um mich und meinen Partner, und wie wir beide unsere Sexualität verbessern können. Deshalb wäre diese Woche nicht mit einem Tantra-Seminar zu vergleichen. Ich sehe es eher wie eine Mischung aus Urlaub und Paar-Coaching. Und wie gesagt, am liebsten in einem Luxus-Resort. Ich habe ziemlich lange recherchiert, doch nichts Vergleichbares gefunden. Der nächste Gedanken lag auf der Hand: Wie wäre es, wenn ich einfach selbst meinen Traum-Sex-Luxus-Paar-Coaching-Urlaub organisieren würde, in Europa, mit einer Sexologin oder Sexualtherapeutin als Co-Trainerin? Selbst machen war von jeher mein Motto und unsere Firma ist ja unter anderem auf außergewöhnliche Seminare spezialisiert. Mein Partner organisiert Harley-Touren in Südafrika und ich organisiere Sex-Retreats. Das passt doch! Also habe ich das perfekte Sex-Retreat für Paare kreiert, sechs Tage und sieben Nächte für die schönste Sache der Welt. Ein passendes Luxushotel war schnell gefunden, in meiner Lieblingsgegend Südtirol, und über eine Empfehlung konnte ich die passende Co-Trainerin finden. Das Pleasure Retreat für Paare war geboren: Eine Woche, in der Paare sich intensiv ihrer Beziehung und ihrem Sexleben widmen können, mit Gesprächen, Coachings, kleinen Gruppen-Workshops und viel Zeit, um alles gleich auszuprobieren. Frank und ich leiten verschiedene Beziehungsthemen in der Gruppe an, führen Persönlichkeitstest durch und coachen die Paare, wie sie ein gemeinsames Projekt außerhalb des Betts finden und durchführen können, um ihre Beziehung auf ein neues Level zu bringen. Die Sexologin ist für alle Sexthemen zuständig. Die Tage starten zur Einstimmung mit Paar-Yoga. Für mich war klar, beim ersten Mal sollten es nicht so viele teilnehmende Paare sein – denn wir wollten erst mal selbst ausprobieren, wie die Woche funktioniert. Dennoch haben wir recht schnell die ersten Interessenten gefunden und ein Paar aus Österreich hat entschieden, unsere ersten Teilnehmer zu sein. Ein weiteres Paar hat sich aus Termingründen gleich für 2017 angemeldet und ein drittes musste kurzfristig wieder absagen. Ich glaube, weil sie sich doch getrennt haben, das wurde nicht klar kommuniziert. Weitere Interessenten haben wir gleich für 2017 eingeladen – ergänzt um die Information, dass sich diese Woche nur für Paare eignet, die wissen, dass sie zusammenbleiben wollen.

Am geplanten Samstag Ende April bepacken wir morgens unser Auto, um uns auf den Weg nach Südtirol zu machen. Das Baby nehmen wir mit, ich stille sie ja immer noch, der Große bleibt mit einer Freundin von uns zu Hause. Oma kommt mit uns, um vor Ort stundenweise als Babysitter einzuspringen. Ziemlich aufwendig, die Betreuung von zwei Kindern für die Woche zu organisieren, aber wir wollen Zeit für uns haben. Geplant ist unter anderem, den Tag mit Paar-Yoga zu beginnen, da müssen wir natürlich beide mitmachen. Überhaupt sollen in der Woche möglichst viele Aktivitäten zu zweit stattfinden.

Es ist bewölkt, regnerisch und kalt, als wir in Südtirol ankommen. Eigentlich nicht so, wie es um diese Jahreszeit hier sein sollte. Andererseits können wir froh sein, heute Morgen beim Losfahren in München hat es geschneit. Ich bin gespannt, wie wir unsere Doppelrolle als Trainer und Teilnehmer in der Woche meistern. Unsere Co-Trainerin wird den Haupt-Job machen. Sie ist Sexologin, Gesundheitspraktikerin für Sexualität und Körpercoach (was genau das ist, darauf bin ich selbst gespannt), ausgebildet in Lomi, Hawaiian Body Flow, Craniosacraler Balance und dynamischer Körperarbeit sowie Beckenbodentraining. Die weiß, wovon sie redet. Ich kenne sie nur vom Telefon und Skype und bin gespannt, sie persönlich kennenzulernen. Sie hat schon mal einen verheißungsvollen Namen: Filomena. Der Plan für die Woche sieht für das teilnehmende Paar an vier von den sechs Tagen gemeinsame oder getrennte Sex-Coachings vor. Ein Tag ist frei für Bettaktivitäten und an einem Tag gehen Männer und Frauen getrennten Unternehmungen nach. Jeden Morgen gibt es eine Stunde Paar-Yoga mit Filomena zum Einstieg, ansonsten ist viel freie Zeit zum Reden, Entspannen und vor allem – Sex haben. Mein Partner und ich haben mit Filomena ausgemacht, dass wir ebenfalls einige Sex-Coachings haben werden, wir wollen ja auch etwas lernen.

Für uns beginnt die Woche nach dem ersten Kennenlernen und der Einführung am ersten Abend und dem unglaublich leckeren Abendessen mit Sex. Jetzt haben wir die Gelegenheit, an sieben aufeinanderfolgenden Tagen Sex zu haben. Ich bin gespannt, ob wir das schaffen. Wir haben genügend Zeit und Muße und heute fangen wir gleich damit an. Das riesengroße Bett im luxuriösen Zimmer lädt richtig dazu ein. Sobald das Baby schläft, legen wir los. Ich habe jede Menge Massageöl und Gleitgel dabei, was auch gut zum Einsatz kommt. Seit der Geburt des Babys habe ich irgendwie Probleme beim Geschlechtsverkehr und die kommen diesmal wieder zutage. Tut mehr weh, als es Lust bereitet. Nicht nur, dass meine Lust verschwunden ist, mein Körper macht auch nicht mehr so richtig mit. Aber das ist mir hier und jetzt egal, dafür gibt es ja Gleitgel, wir kommen schnell zur Sache und schlafen anschließend rasch ein.

Am nächsten Tag treffen wir uns vor dem Frühstück zur ersten Paar-Yoga-Session. Yoga kenne ich bisher nur so, dass man es allein macht. Den Körper dehnen und strecken, die Positionen halten, atmen, das alles tut man für sich allein. Beim Paar-Yoga werden bestimmte Übungen zu zweit durchgeführt, und zwar so, dass einer den anderen unterstützt, ihn hält und ihm beim Dehnen hilft. Für mich klingt das nicht besonders spektakulär. Ich bin kein großer Yoga-Fan, und so etwas vor dem Frühstück zu machen, ist eh nicht mein Ding. Mit lahmer Motivation mache ich aber mit, ich muss schließlich wissen, was in unserem Seminar passiert.

Doch dann bin ich schnell erstaunt. Bereits bei der ersten Übung finde ich Parallelen zu unserem Sexleben. Ich bringe mich in eine Position und dehne meine eingerosteten Glieder, mein Partner steht hinter mir und versucht, mich zu unterstützen. Doch wie er mich anfasst, das ist mir viel zu schnell und zu grob. Ich spüre, wie eine Spur von Ärger in mir hochkommt. Noch bin ich nicht so weit, will lieber langsam anfangen. Und überlege, wie ich ihm das am besten sage. Ich will ihn ja nicht gleich bei der ersten Übung frustrieren.

»Für diejenigen, die in der Unterstützerrolle sind: Versucht, genau zu beobachten, wie euer Partner auf eure Hilfestellung reagiert. Und fragt, welche Unterstützung euer Partner sich wünscht«, empfiehlt Filomena, und ich danke ihr innerlich. »Und diejenigen, die die Übung machen: Sagt euren Partnern möglichst präzise, wie sie euch am besten unterstützen können.«

Okay, das mache ich. »Bitte etwas sanfter und langsamer. Ich bin noch nicht so weit.« Ist das konkret genug? So ganz kann ich den Ärger nicht aus meiner Stimme verbannen. Es dauert fast die komplette erste Übungssequenz, bis wir uns einigermaßen aufeinander einstimmen. Dann ist er dran und ich unterstütze ihn. Und merke gleich, ich weiß gar nicht, wie ich ihn am besten anfassen soll bei den Übungen. Wie fest oder sanft, soll ich einfach nur halten oder mitdehnen? Ich mache mal so, wie ich denke, und schaue, wie er reagiert. Ich könnte fragen, aber darauf komme ich interessanterweise gar nicht. Und er sagt nichts. Also gehe ich davon aus, dass es passt, wie ich ihn anfasse. Aber Gewissheit habe ich nicht. Ich stochere im Dunkeln. Erst bei der letzten Übung sagt er, dass ich ihn ruhig fester anfassen kann und beim Dehnen unterstützen soll. Aha. Dann weiß ich das jetzt auch. Irgendwie ist es wie beim Sex. Beim anschließenden Frühstück bin ich nachdenklich.

Ich hätte nicht gedacht, dass man so viel über sein Sexleben erfahren kann, wenn man gar keinen Sex hat.

Wir machen eine kleine Nachbesprechung und Filomena erklärt uns, das im Rahmen der Übung abgelaufen ist, was oft auch beim Sex abläuft. »Das ist etwas, das in allen Partnerschaften passiert, es wird nicht richtig miteinander geredet. Man erwartet vom anderen, dass er ‚es' schon richtig macht. Wie aber soll mein Partner wissen, was mir gefällt, mir guttut? Ich weiß es ja oft selbst nicht bzw. ich verändere mich und brauche etwas anderes. Sind wir Hellseher mit Heiligenschein? Wenn ich ein leckeres Essen koche, schaue ich wahrscheinlich auch zuerst ins Kochbuch oder Internet.« Das finde ich einen sehr schönen Vergleich. Wieso denken wir beim Sex, wir wüssten schon alles, ohne Kochbuch? Kochen ist etwas, was man nicht intuitiv kann, man muss es erst lernen und dann kultivieren. Wenn man die Grundlagen beherrscht, kann man Feinheiten ausprobieren, neue Koch-Stile lernen und immer wieder neue Gerichte kreieren. Mit dem Sex ist es das Gleiche, man lernt zunächst die Grundlagen, und dann kann man neue Facetten dazulernen und anwenden.

»Wieso übergeben wir die Verantwortung für unsere sexuelle Befriedigung unserem Gegenüber, nach dem Motto ‚Der wird schon wissen, wie es geht'? Meist, ohne dass wir darüber reden … und danach sind wir frustriert, weil er es *nicht* richtiggemacht hat«, bringt Filomena auf den Punkt, was zwischen Partnern oft passiert. Die Frau ist gut, sie ist direkt und ehrlich, genau das braucht es, wenn man als Paar weiterkommen will.

Meine Neugier ist geweckt und ich freue mich schon auf den nächsten Morgen, ich will das nochmal machen. Nach dem Frühstück verschwindet Filomena mit dem anderen Paar auf deren Zimmer und wir haben bis zum Abend, wo wir selbst eine Trainingssequenz leiten, frei. Die perfekte Gelegenheit zum Spazierengehen und Reden.

»Wie war das für dich heute Morgen mit dem Paar-Yoga?«, frage ich, als wir etwas später mit dem Kinderwagen durch den Ort laufen.

»War gut.«

»Was fandest du besonders gut?«

»Ich kenne diese Übungen, die habe ich früher schon gemacht. Sie zu zweit zu machen ist gut.«

Okay, ich sollte nicht zu viel erwarten vom Reden. So richtig über Sex reden wir an dem Tag nicht mehr. Aber wir haben abends wieder welchen, das reicht mir in dem Moment. Wir haben eine ganze Woche Zeit, das kommt schon noch.

Am nächsten Tag treffen wir uns morgens wieder in dem kleinen Sportraum mit Blick auf die Berge, den wir extra für unsere Zwecke angemietet haben. Wieder die gleichen Übungen, heute geht es schon ein bisschen besser mit dem Dehnen. Wir sind bereits etwas besser eingespielt. Besonders gut gefällt mir heute der Abschluss. Nach der letzten Übung, wir sitzen einander mit gespreizten Beinen gegenüber und haben uns nacheinander an den Armen abwechselnd langsam nach vorne gezogen, rutschen wir eng zusammen, umarmen uns und entspannen mit verschlungenen Beinen im Sitzen. Ich fühle mich wohl. Und dankbar. Was habe ich für einen tollen Mann! Ja, da ist sie wieder, die Umarmung. Wir haben diese Woche unser Morgenritual noch gar nicht gemacht! Die Umarmung holen wir hier nach. Nach einer gefühlten Ewigkeit instruiert uns Filomena, die Umarmung etwas zu lösen und uns tief in die Augen zu schauen. Einfach nur anschauen, nichts machen und nichts sagen. Die Zeit bleibt stehen. Ich weiß nicht, wann wir das zuletzt gemacht haben.

Haben wir das überhaupt schon mal gemacht, uns richtig lange in die Augen schauen?

Sicher nicht so lange, denn es sind einige Minuten. Irgendwann muss ich lachen. Und gleichzeitig weinen. Ich bin tief berührt. So eine simple kleine Übung.

Beim Frühstück sprechen wir kurz über unsere Erfahrungen und mir fällt wieder das Experiment des US-Psychologen Arthur Aron ein, wo sich zwei Menschen 36 Fragen stellen und dann vier Minuten tief in die Augen schauen und – zack – sind sie verliebt ineinander. Das soll tatsächlich funktionieren. Wir haben zwar keine 36 Fragen beantwortet, aber ein wenig verliebt fühle ich mich trotzdem. Wieder bin ich fasziniert. Was diese zwei Tage bewirkt haben, obwohl wir noch gar nicht viel gemacht haben. Das Retreat funktioniert, das kann ich jetzt schon unterschreiben. Das Paar aus Österreich bestätigt das, sie sind ebenfalls sehr zufrieden.

Nach dem Frühstück treffen wir uns zu unserem ersten gemeinsamen Coaching bei Filomena. Wir setzen uns in eine gemütliche Ecke der Hotelbar und Filomena stellt uns einige Fragen zum Warmwerden. Es beginnt harmlos. Wer wir sind, welche sexuellen Erfahrungen wir mitbringen, was wir uns wünschen, wo es bei uns momentan hängt. Ich finde es sehr angenehm, zusammen mit meinem Partner mit einer dritten Person zu sprechen, das fällt mir irgendwie leichter als mit ihm allein. Filomena stellt gute Fragen und moderiert unsere Antworten. Sie ist jedem von uns beiden sehr wertschätzend gegenüber und neugierig auf uns.

»Für vieles gibt es ein Schulfach, aber bei Wichtigem wie was ist guter glücklich machender Sex in allen Altersstufen, da tappen wir allein herum, oft unser Leben lang«, erklärt Filomena. »Partnerschaft, Sex und Liebe haben wir alle nicht gelernt, sondern wir sind wie eine leere Landkarte von unseren Eltern-Vorbildern geprägt, man könnte sogar sagen, bestempelt worden.«

Sexualität ist eine Wissenschaft, eine Kunst. Etwas, das wir über Jahre lernen.

»Und wir lernen bekanntlich am besten mit Neugierde. So wie Kinder, spielerisch. Doch wir Erwachsenen nehmen das alles oft so tierisch ernst.« Frank und ich schauen uns an. Stimmt. Unser Sex ist immer dann am besten, wenn wir miteinander lachen. »Ja, Lachen und Liebe«, ergänzt Filomena,

»man sollte doch meinen, dass bei Paaren Liebe im Spiel ist und nicht Wettkampf ...«

Ein Spiel, das Filomena Paaren gerne als Idee mitgibt, ist die Wunschbox. Das ist eine kleine Kiste, in die jeder einige Zettel mit jeweils einem Wunsch hineinlegt. Das kann ein sexueller Wunsch sein, aber auch etwas völlig anderes. Einer von beiden wünscht sich vielleicht, eine Stunde lang liebevoll berührt zu werden und der andere, gemeinsam einen Fallschirmsprung zu machen. Es können ganz kleine Sachen sein wie »Nimm mich fünf Minuten lang in den Arm« bis hin zu »Lass uns gemeinsam in einen Swingerclub gehen«. Die Wunschbox kann einmal in der Woche oder einmal im Monat geöffnet werden oder wie es für beide passt, abwechselnd zieht jeder einen Zettel und erfüllt dem anderen seinen Wunsch. Dieses Spiel gibt es in vielen Varianten, es können beispielsweise Regeln aufgestellt werden, ob die Wünsche sofort zu erfüllen sind, beziehungsweise ob sie überhaupt erfüllt werden müssen oder ob man auch ablehnen kann. Das Wichtigste ist, das Ganze spielerisch und mit Neugier zu sehen und keinesfalls verbissen oder gar als lästige Verpflichtung. Über dieses Spiel kommen Paare in jedem Fall ins Gespräch miteinander, und das allein ist sehr viel wert.

Nachmittags gehen wir wieder spazieren und genießen die wunderschöne Landschaft. Ich habe nicht das Gefühl, dass wir noch viel reden müssen. Für heute haben wir alles gesagt. Ich fühle mich fantastisch. Und am Abend haben wir wieder Sex – zum dritten Mal hintereinander mittlerweile. Ich habe das Gefühl, wir kommen langsam in Schwung.

Das Wetter ist inzwischen etwas besser, wir gehen am dritten Tag noch vor dem Paar-Yoga draußen schwimmen. Im beheizten Außenpool versteht sich, das Naturbecken ist doch zu kalt. Besonders angetan hat es uns der herzförmige beheizte Sole-Pool, in dem man sich wunderbar treiben lassen kann.

Frank-Thomas kommt mittags mit einer konkreten Empfehlung von seinem Einzelgespräch zurück. Für ihn als Mann sei besonders wichtig, dass er beim Sex nicht nur sein bestes Stück benutzt, sondern den ganzen Körper, vor allem das Becken. Es ist ja so, dass niemand lernt, wie man richtig Sex hat. Man probiert das irgendwann aus und entwickelt seine Technik per Versuch und Irrtum weiter, orientiert sich dabei vielleicht an Pornos, aber eine richtige Anleitung gibt es nicht. Habe ich bisher gedacht, denn es gibt doch eine, und zwar in Buchform. Sexologin Ann-Marlene Henning hat ein tolles Buch geschrieben, in dem man nachlesen kann, wie »ganz normaler« Sex funktioniert und wie man die höchste Befriedigung daraus zieht. Filomena hat Frank empfohlen, »Make Love – Liebe machen kann man lernen« zu besorgen und zu lesen.

»Zum guten Sex brauchen wir unser Hauptwerkzeug, den Körper«, hat sie ihm in der Coaching-Session mitgegeben, »und wir können uns die Frage stellen, wie mache ich das eigentlich, Liebe machen? Wie bewege ich mich, was tue ich genau? Es geht um das bewusste Wissen, um den Atem, Rhythmus, die Steigerung der Bewegung und das richtige Maß der Pausen zum Genießen und auskosten. Berührungen können überall am Körper intensive Empfindungen auslösen, nicht nur an der einen Stelle, an der Penisspitze oder an der Klitoris. Der Körper bietet eine riesengroße Fläche, um darauf ein Feuerwerk von Empfindungen zu zünden. Die meisten Menschen nutzen nur einen Bruchteil davon und denken, das wäre guter Sex. Und dann wundern sie sich, wenn ihnen nach kurzer Zeit langweilig wird und sie sich nach anderen Menschen umsehen, in der Hoffnung, dort wäre der Sex besser.«

Ich schaue Frank an, als er mir das erzählt. Mir wird klar, dass ich nicht mal einen Bruchteil seines Körpers wirklich kenne. Obwohl wir nun fast fünf Jahre zusammen sind habe ich sicher noch nicht jede Stelle berührt geschweige denn geküsst. Umgekehrt er bei mir auch nicht. Es gibt so viel zu entdecken, dass ich kurz denke, dafür reicht ein ganzes Leben nicht. Also los, fangen wir an, uns gegenseitig weiter zu erforschen.

Vorab und zum Üben hier in Südtirol sollen wir die Beckenschaukel ausprobieren. Das bedeutet, beim Geschlechtsakt das Becken synchron vor- und zurückzubewegen und dabei ein- und auszuatmen. Die sexuellen Empfindungen inklusive Orgasmus sollen dadurch intensiver werden. Es ist wohl so, dass es gut ist, beim Sex mehr Raum einzunehmen, dafür Tempo rauszunehmen.

Das will ich ausprobieren! Am Abend wollen wir die Beckenschaukel gleich anwenden, doch diese Zusammenkunft ist ein einziger Coitus Interruptus. Erst klingelt das Handy, dann brauche ich ein Glas Wasser und später weint das Baby, hat Hunger und braucht länger, um wieder einzuschlafen. Anschließend habe ich keinen Nerv mehr. Doch es stört uns beide nicht, das wir heute keine Liebe mehr machen, ich habe auf einmal das Gefühl, wir haben unendlich viel Zeit, um alles auszuprobieren. Sämtlicher Druck ist weg und ich fühle mich einfach nur gut, hier zu sein mit meinem Liebsten. Ich blicke aus dem Fenster. Der Mond lugt hinter den Wolken hervor. Die Aussicht auf die umliegenden Berge ist gigantisch und das Essen eines der besten, das ich je in einem Hotel genießen durfte. Jeden Tag schwimmen, drinnen und draußen, jeden Tag mindestens einmal ins Dampfbad und anschließend in den Herz-Sole-Pool, was will man mehr. Ich schlafe befriedigt ein, auch ohne Sex.

Unser Paar-Yoga klappt jeden Tag besser und unsere Teilnehmer aus Österreich blühen regelrecht auf. Mit Filomena beleuchte ich am nächsten Tag, wie es für mich sexuell weitergehen könnte, und worauf ich neugierig bin. Das Wichtigste ist, dass ich geduldig mit mir und meinem Partner bin, stelle ich schnell fest. So kurz nach der Geburt eines Kindes seien die meisten Paare sexuell im Niemandsland und es sei nichts falsch daran, erklärt mir Filomena. Das Wichtigste sei, dass wir uns Stück für Stück wiederfinden und herauskriegen, was jetzt für uns passt. Die Sexualität eines Menschen verändere sich mit der Zeit, und wenn so gravierende Umstellungen wie die Geburt eines Kindes passieren, müssen sich Paare erst mal wieder neu entdecken. Es käme durchaus vor, dass einer der Partner oder beide dann völlig neue Bedürfnisse hätten.

Dem kann ich zustimmen. Ich habe das Gefühl, dass sich meine Sexualität verändert hat. Doch ich weiß selbst noch nicht genau, in welche Richtung. Ich wünsche mir irgendwie mehr Intensität, mehr spüren, mehr Verbindung, mir kommt der Sex, so wie wir ihn bisher praktiziert haben, oberflächlich vor. Filomena empfiehlt mir, mich zunächst mit Selbstbefriedigung selbst wieder neu kennenzulernen. Mich anzufassen, zu erforschen, mir Zeit zu nehmen, nur ich allein. Zusätzlich zu unseren gemeinsamen Aktivitäten. Dadurch wird meine Lust wieder mehr aktiviert. Dann verrät sie mir, dass sie uns als Paar auch praktisch coachen kann. Also nicht nur reden, sondern anfassen. Sie beherrscht schließlich verschiedene Massagetechniken, unter anderem Tantra-Massage, und eines ihrer Angebote ist die »Auszeit für Paare«, bei der sie einen von beiden massiert und der andere assistiert. Dabei lernen sich Paare nochmal von einer neuen Seite kennen. Das macht mich sehr neugierig, das will ich machen, am liebsten sofort! Und für mich ist klar: Die erste Massage bekomme ich! Wenn uns das gefällt, können wir es auch mal umgekehrt machen, aber ich will das zuerst. Filomena fragt mich, ob wir es gleich am nächsten Tag oder überhaupt hier in Südtirol machen wollen oder zu einem späteren Zeitpunkt bei ihr in Stuttgart. Wir sollten mindestens drei Stunden dafür einplanen plus eventuell Zeit zum Nachwirken. Ich überlege kurz und entscheide, dass wir das lieber später machen. Hier wäre eine gute Gelegenheit, doch mit Baby an Bord und meiner Mutter ein paar Zimmer weiter, würde ich mich nicht optimal wohlfühlen. Unseren Teilnehmern aus Österreich werde ich aber empfehlen, die Gelegenheit zu nutzen. Bin gespannt, ob sie sich trauen. Ich mache einen Termin für Mai aus, in ihren Räumen in Stuttgart, ganz in Ruhe, mit Babysitter zu Hause. Das wird Thema für unsere nächste Woche im 12-Wochen-Programm. Ich überlege, ob ich noch weitere Fragen oder Gesprächsbedarf habe, mir fällt aber nichts mehr ein. Ich fühle mich sehr gut aufgehoben. Es ist erleichternd, mal mit jemandem über dieses Thema zu reden. Das für mich wichtigste Ergebnis des Gesprächs ist die Erkenntnis, dass ich mir keinen Stress mehr mit dem Sex mache. Wir haben unseren Plan und wir werden das Stück für Stück durchziehen, wir haben es nicht eilig. Aus diesem Gedanken der Entspannung heraus entsteht neue Lust.

Am nächsten Abend sind wir beide zu müde für Sex und lassen ihn bewusst ausfallen. Ohne schlechtes Gewissen. Im Vergleich zu dem, was in den letzten Monaten bei uns los war im Bett, haben wir riesengroße Fortschritte gemacht in so kurzer Zeit. Die nächsten Tage vergehen wie im Fluge und sowohl wir selbst als auch unsere Teilnehmer sind tief berührt, als wir am letzten Tag zur Abschlussbesprechung zusammensitzen. So eine Woche müssten eigentlich alle Paare mal machen, denke ich. Und wenn es nur einmal im Leben ist, denn davon zehrt man lange. Wer keine Kinder hat, kann so eine Sex-Woche natürlich auch zu Hause machen, und braucht nicht unbedingt einen Coach dazu. Man könnte sich einfach vornehmen, eine Woche lang im Bett zu bleiben, außer vielleicht zum Essen, Einkaufen, und um frische Luft zu schnappen. Viele Paare hatten so eine Phase zu Beginn ihrer Beziehung. Warum nicht auch später, wenn Routine eingetreten ist? Ich glaube, das Wichtigste ist, dass ein Paar dem Sex endlich den Stellenwert einräumt, den er für eine Beziehung hat: Er ist lebenswichtig!

Wir nehmen viele Eindrücke mit von dieser Woche, viele Anregungen und viel Befriedigung. Für mich persönlich am wichtigsten: Der Druck ist weg. Der Druck, Sex haben zu müssen. Nein, ich muss nicht, wir müssen nicht, niemand muss. Es ist völlig in Ordnung, nur alle zwei Wochen oder nur einmal im Monat Sex zu haben in unserer momentanen Situation. Vorher habe ich abends oft wie auf der Lauer gelegen, ob noch was geht oder nicht. Und ich war enttäuscht, wenn es sich nicht ergeben hat. Dieser Druck ist weg. Weggevögelt mit fünfmal Sex in einer Woche oder verschwunden durch das Paar-Yoga oder ertränkt im Herz-Sole-Becken, er ist jedenfalls weg. Mir ist klargeworden: Guter Sex wird sich nicht mehr einfach so ergeben, und das ist okay. Aber wir können trotzdem guten Sex haben. Wir können ihn planen und er wird passieren. Die Erotik kommt dazu, wenn wir ein Date haben, darauf kann ich mich verlassen.

Fazit Woche 4: Ich fühle mich wie frisch verliebt. Diese Woche war eine perfekte Auszeit für uns und hat uns richtig zusammengeschweißt.

Woche 5: Tantra zu dritt – wir fahren zum Sex-Coach

Wie man Sex macht, lernt man normalerweise nur durch Versuch und Irrtum, vielleicht aus Büchern. Oder man nimmt sich einen Coach.

»Hast du eigentlich eine Dusche?« Berechtigte Frage, die ich Filomena per E-Mail gestellt habe. Ich kann mir nur schwer vorstellen, wie die Tantra-Massage zu dritt ablaufen wird, kenne ihre Räumlichkeiten nicht. Eine Dusche wäre sicher eine gute Sache. Mich erwartet eine zwei- bis dreistündige Ganzkörpermassage, bei der mein Partner zuschaut und assistiert. Bei dieser Massage wird alles massiert, von Kopf bis Fuß und alles dazwischen. Darauf war ich sehr neugierig, als Filomena es mir in unserer Woche in Südtirol vorgeschlagen hat, und heute, drei Wochen später, Mitte Mai, ist der Tag der Tage.

Ich sitze im Auto und tue nichts, außer hinauszuschauen. Heute muss ich nichts mehr tun, nur Spaß haben. Ich bin ein wenig aufgeregt, lasse die Gedanken schweifen und genieße die Fahrt über eine ausnahmsweise staufreie A8. Ich finde die Idee sehr spannend, dass Frank mal sieht, wie jemand anders mich anfasst, und dadurch Impulse für sein eigenes Repertoire bekommt. Er ist neugierig darauf und wir freuen uns beide auf das Erlebnis. Von jetzt auf gleich in einen entspannten und womöglich erotischen Zustand zu kommen, ist allerdings gar nicht so einfach. Heute Morgen haben wir noch mit unserem Dreijährigen gepuzzelt, Windeln gewechselt, das Baby gestillt – der ganz normale Wahnsinn eben – und jetzt sitzen wir im Auto auf dem Weg zum Sex-Coach. Es ist irgendwie eine seltsame Vorstellung, mich mitten am Tag intim massieren zu lassen, während mein Partner zuschaut. Von Liebhabern oder Fremden und im Club habe ich mich immer schon gerne massieren lassen. Doch da war ich Single und in Partystimmung. Und es war dunkel. Oder ich habe allein eine Massage für mich gebucht. Jetzt, wo mein Partner dabei ist, frage ich mich, ob ich mich fallen lassen kann. Mit dem eigenen Partner ist das definitiv nochmal etwas anderes. Hm. Ob wir einen Prosecco bekommen vorher?

Wir nähern uns Stuttgart, es regnet in Strömen. Ich frage mich, sollen wir noch über irgendetwas reden oder es einfach auf uns zukommen lassen? Mein Partner ist nicht der große Redner, also lasse ich es. Außerdem sitzt er am Steuer, ich weiß nicht, ob das die beste Voraussetzung für ein Gespräch ist. Ich freue mich auf die Massage und bin sehr gespannt, wie es wird. Gleichzeitig bin ich mit meinen Gedanken noch überall anders, wie das eben ist an einem Montagmorgen. Geschäft, Kinder, E-Mails ... Es will mir noch nicht so recht gelingen, mich komplett auf das Kommende einzustimmen. Das heute ist etwas Neues. Aber es ist gut so. Ich will ja etwas Neues. Ich habe keine Ahnung, was uns erwartet. Filomena hat mir geschrieben, dass wir nichts außer uns selbst mitbringen müssen. Sie hat natürlich eine Dusche, eine sehr schöne sogar, in einer großen Badewanne in einem schönen Badezimmer, wie ich später feststellen werde, das extra für die Bedürfnisse ihrer Kunden eingerichtet ist.

Die meisten Paare machen alles, was das Thema Sex betrifft, mit sich selbst aus. Mehr oder weniger erfolgreich. Höchstens tauscht man sich mal mit dem besten Freund oder der besten Freundin aus. Impulse von außen wie zum Beispiel Artikel, Bücher oder Filme werden gerne in Anspruch genommen, wenn ein Paar neue Anregungen sucht, anonym. Beide zusammen mit einer dritten Person, das ist eher selten. Wenn, dann in einer Paar- oder Sexualtherapie. Und dort wird in der Regel nur geredet. Solch eine Maßnahme kommt aber für die meisten erst zum Zuge, wenn es eigentlich schon zu spät ist. Wenn nichts mehr läuft, wenn einer fremdgegangen ist oder wenn die Partner herausfinden wollen, ob die Beziehung noch eine Chance hat. Die meisten Paare sehen vorher gar keinen Bedarf oder trauen sich nicht, halten es nicht für notwendig (bzw. einer von beiden hält es nicht für notwendig) oder sind schlichtweg zu geizig, sich mit fremder Hilfe mit ihrem Sexleben auseinanderzusetzen.

Ich glaube, viele Paare fangen überhaupt erst an, sich wirklich mit ihrer Sexualität zu beschäftigen, wenn das Kind längst in den Brunnen gefallen ist.

Wie wäre es, sich schon früher mit sexuellen Themen auseinanderzusetzen? So wie man sich mit gesunder Ernährung und mit Sport beschäftigt, damit der Körper schlank wird und fit bleibt, nur dass es hier um die Beziehung geht, damit sie lebendig bleibt. Für Sport und Ernährung gibt es Coaches, aber für Sex? Da gibts noch nicht so viele, und die sind echte Geheimtipps. Ich glaube, es lohnt sich, einen zu suchen! Einer dritten Person Einblick in das eigene Sexleben zu gewähren, ist eine kleine Herausforderung, ich gebe es zu, und es muss natürlich eine Person sein, der man sich auch öffnen mag. Doch so etwas mal zu tun, wenn Beziehung oder Sex noch einigermaßen intakt sind, einfach so, aus Neugier, kann viele Beziehungen retten.

Tantra-Institute sind eine gute Adresse für Paare, zum Beispiel für Massagen zu dritt. Filomena arbeitet unter anderem in einem Tantra-Institut. Außerdem gibt es seit einigen Jahren eine zertifizierte Ausbildung zum Sexological

Bodyworker. Diese Leute reden nicht nur mit Klienten, sie fassen auch an. Zu so jemandem könnte man gehen, um sich individuelle Tipps zu holen. Die Nachfrage nach dieser Art von Dienstleistung wächst. Ich habe mal ein Buch zum Thema »Sex-Worker« gelesen, es gibt einige interessante Berufsbilder. Diese Berufe sind allerdings noch nicht wirklich etabliert.

Mein Partner und ich, wir sind nicht an einer Therapie interessiert, aber wir wollen unser Sexleben verbessern. Also gehen wir zum Sex-Coach.

Wir erleben in unserer Partnerschaft eine Situation, die viele Paare erleben und die wir ändern wollen. Wir möchten uns jemandem anvertrauen, der uns Ideen gibt, auf die wir selbst nicht kommen. Da wir uns sonst ebenfalls gerne die besten Coaches suchen, für unsere Firma oder für unsere Persönlichkeitsentwicklung, möchte ich das auch im Bereich Sex ausprobieren. Unsere Sex-Coachess Filomena kennt die Theorie und die Praxis und sie kann uns auf verschiedenen Ebenen zeigen, wo unser sexuelles Potenzial noch brachliegt. Heute mal praktisch.

Meine Erwartung an diesen Tag ist nicht gering: Ich möchte, dass Filomena meinem Partner Anregungen gibt, und nicht nur theoretisch, wie er mich anfassen kann. Mir fällt es schwer, ihm diesbezüglich Feedback zu geben und finde das auch nicht besonders sexy. Ich bin mir sicher: Wenn er es mal von jemand anders sieht, tut er sich leichter und ich mir auch. Frauen tun sich allgemein schwer damit, ihrem Mann zu sagen, wo und wie er sie genau anfassen soll. Sie wissen es oft selbst nicht. Ich stelle mir das mit dem Sex-Coaching ein wenig vor wie früher mit meinem Tennislehrer. Als Jugendliche habe ich Tennis gespielt und hatte einen Tennislehrer. Damals sprachen wir nicht vom Coach, aber es war das Gleiche. Die richtige Bewegung des Schlägers und wie man den Ball am besten trifft, muss man erst mal lernen. Der Tennislehrer zeigt seinem Schüler genau, wie er den Schläger am besten hält und damit den Ball schlägt. Wie fest, mit welcher Technik ... Aufschlag war immer so eine Sache, den musste ich lange üben. Mit Lehrer ist es jedenfalls viel einfacher, als es sich selbst beizubringen.

Sex lernen die meisten ausschließlich durch Versuch und Irrtum. Sex ist nicht Tennis.

In vielen traditionellen Kulturen war es üblich, dass junge Männer von älteren Frauen in die Sexualität eingeweiht wurden. Und natürlich haben die auch angefasst. Heute lernen die Jungs aus Pornos, was nun wirklich keine realitätsnahe Lernquelle ist.

In Stuttgart angekommen, bewundern wir Filomenas wunderschöne Räume und das große Bild vom hawaiianischen Strand. Wir beginnen mit einer Tasse Kaffee mit Sahne, Keksen und einem Vorgespräch. Für uns zum Ankommen und für Filomena, damit sie weiß, worauf sie achten muss und ob es irgendwelche Tabus oder No-Gos gibt. Ich bin offen für alles und einfach nur neugierig. So ganz abgeschaltet habe ich noch nicht, zumal ich selbst das letzte Stück durch den strömenden Regen gefahren bin, aber ich kann mich auf mich verlassen: Sobald jemand anfängt, mich zu massieren, meinen Körper zu berühren, läuft das Hirn automatisch einen Gang langsamer. Mein einziges Bedenken ist: Was, wenn ich einschlafe und gar nichts mitkriege? Ich schlafe eigentlich immer bei Massagen ein und es wäre jammerschade, wenn ich das Beste verpassen würde. Filomena beruhigt mich, das werde sicher nicht passieren. Ich bin gespannt. Frank und ich verschwinden im stilvoll eingerichteten Bad mit der riesengroßen Wanne und genießen gemeinsam eine erfrischende Dusche. Ich darf mich heute entspannen, ich bin die Empfangende, und darf jetzt zweieinhalb Stunden lang einfach nur spüren und genießen.

Bekleidet mit anschmiegsamen weiten Tüchern betreten wir wieder den großen Raum. Filomena lächelt uns an. Wir beginnen die gemeinsame Massage mit einem kleinen Begrüßungsritual. Wir stehen uns gegenüber und schauen uns in die Augen. Tief. Lange. Länger als sonst. Mir geht das Herz auf. Die Zeit bleibt stehen. Ich sehe IHN und ich spüre Liebe und Dankbarkeit. Ich atme tief ein und aus. Solche Momente haben wir viel zu selten in unserer Beziehung, denke ich kurz. Und dann bin ich wieder dankbar, dass ich jetzt einen erlebe. Filomena sagt einige einleitende Worte und begrüßt uns ganz offiziell. Ich solle die Augen schließen, mich entspannen und alles, was passiert, bewusst beachten. »Manchmal ist weniger mehr und langsamer ist genussvoller und befriedigender. Lass alles auf dich wirken und beobachte, was passiert.«

Ein wenig später liege ich auf dem breiten mit einem dunkelroten Tuch bedeckten Futon in der Mitte des Raumes und Filomena beginnt mit der Massage. Mein Partner sitzt ihr gegenüber und berührt mich ebenfalls. Ich liebe Vierhandmassagen und spüre, wie ich immer mehr lockerlasse, wie sich langsam jeder einzelne Muskel entspannt und mein Gehirn auf Stand-by geht. Arme, Beine, Bauch, Gesicht, alles wird berührt, gedrückt, gestreichelt, massiert. Mit einer Lotion oder warmem Öl, es fühlt sich jedenfalls fantastisch an. Nach einer gefühlten Ewigkeit – etwa einer Stunde – drehen die beiden mich auf den Bauch und mein Rücken ist dran. Zwischendurch höre ich, wie Filomena meinem Partner leise Anweisungen gibt. Am Anfang kann ich noch genau unterscheiden, wem welche Hände gehören. Doch dann gibt es immer wieder Momente, in denen die beiden sich so synchron bewegen, dass ich einfach nur dahinschmelze. Filomena zeigt meinem Partner genau, wie er mich am besten berührt. Wie genial, ich muss gar nichts sagen. Was mich besonders erstaunt: Ich schlafe nicht ein! Ich bleibe im wach-entspannten Alpha-Zustand und bekomme alles bewusst mit.

Nach anderthalb Stunden ist allerdings erstmal Schluss. Ich muss mal! Jetzt macht sich der Sahne-Kaffee bemerkbar. Ich tauche kurz auf und schleiche zur Toilette, erleichtere meine Blase und begebe mich zurück zur Matte. Wir machen weiter, wo wir aufgehört haben. Ich lege mich wieder auf den Rücken. Dann wird es heiß. Tantra-Massage ist Ganzkörper-Massage, das heißt sie beinhaltet auch eine Massage der Genitalien. Ich bin gespannt, wie das wird. Mein Partner wahrscheinlich auch. Die Massage beginnt verheißungsvoll. Filomena berührt mich auf eine Weise, die ich so noch nicht kenne. Das ist ja interessant! Ich glaube, sie massiert den G-Punkt. Langsam und ausgiebig, mit kreisenden und streichenden Bewegungen. Glaube ich, denn so ganz kann ich das nicht erkennen. An dieser Stelle wird man sonst so selten berührt. Ein Gefühl, das sich langsam aufbaut, eine Art Erregung, die mich neugierig werden lässt. Ich weiß, dass Frauen ganz verschiedene Orgasmusarten erleben können, diese Massage fühlt sich jedenfalls anders an als das, was ich sonst erlebe. Verschiedene Empfindungen strömen von meiner Körpermitte aus in alle Richtungen, und ich versuche, sie zu unterscheiden. Mein Gesamturteil ist jedenfalls: Gut fühlt es sich an! Wenn ich nicht mehr stillen würde, würde ich wahrscheinlich bis zum Happy End kommen. So merke ich aber nach kurzer Zeit, dass sich zu dem guten Gefühl ein unangenehmes Brennen hinzugesellt, das mir gar nicht gefällt. Selbst das warme Gleitgel vermag da nicht zu helfen. Aua, stopp, ich mag nicht mehr! Filomena geht sehr professionell mit meiner Befindlichkeit um und massiert zum Abschluss wieder andere Körperstellen. Sie und mein Partner bereiten mir einen schönen Abschluss und ich komme langsam wieder mit allen Sinnen im Raum an. Die Massage bleibt ein tolles Erlebnis für mich.

Meine Frauenärztin hat mir schon gesagt, dass Trockenheit und Brennen ganz normal sind bei Frauen, die stillen. Die genitalen Schleimhäute sind schlechter durchblutet,

Schmerzen beim Sex weit verbreitet. Ein natürlicher Verhütungsschutz offensichtlich. Dass das auch bei einer Massage so ist, hätte ich nicht gedacht. Überhaupt war mir das nicht klar, denn nach der ersten Schwangerschaft hatte ich das Problem nicht. Aber ich mache mir keine Sorgen, das wird sich schon wieder ändern. Ich lasse die Berührungen und Eindrücke in meinem Körper nachklingen. Ich glaube, da schlummert noch einiges an Potenzial.

Wir gehen wieder gemeinsam duschen und trinken zum Abschluss noch einen gemütlichen Kaffee. Filomena gibt mir eine Aufgabe mit: Ich soll mich in den nächsten Wochen selbst massieren, so sanft oder fest, wie es mir guttut, mit Gleitgel oder einem sanften Öl, und herausfinden, was mich erregt, was mich abtörnt, was ich mag und was nicht. Ganz allein, ohne Partner und unabhängig von unseren gemeinsamen sexuellen Begegnungen. Den Tipp mit der Selbstbefriedigung hatte sie mir ja schon in Südtirol gegeben. Da bei mir meistens ein Vibrator zum Einsatz kommt (geht halt am schnellsten) bin ich sehr neugierig, was es da zu entdecken gibt. Ich gebe zu, das Thema bin ich noch gar nicht richtig angegangen seit unserer Südtirol-Woche. Manchmal brauche auch ich einen Reminder. Jedenfalls bin ich mit der Tantra-Dreier-Session selbst ohne Happy End sehr zufrieden und wir machen gleich einen Termin für die zweite Session aus – dann wird mein Partner massiert und ich bin die Assistentin.

»Lasst beide diesen Tag nachwirken. Lasst ihn richtig bewusst und nachhaltig einwirken ... und einen Nachgeschmack entstehen. Wie beim Genuss von gutem Essen oder Wein«, gibt uns Filomena noch mit auf den Nachhauseweg. Ich weiß genau, was sie damit meint.

Die Rückfahrt ist entspannt, ich fühle mich wohl und verbunden mit meinem Partner. Im gemeinsamen Nachgespräch kann ich ihm nur sagen: Wow! Eine sehr interessante und im wahrsten Sinne berührende Erfahrung. Ich danke ihm, dass er das mitgemacht hat. Und finde es wirklich toll, so ein Erlebnis mit ihm zu teilen. Ich bin schon gespannt, wie es umgekehrt wird. Was ich feststelle: Der Sex in den Tagen und Wochen danach ist tatsächlich anders. Besser. Mein Partner berührt mich anders, wir sind verbundener, man könnte sagen unsere Bewegungen »fließen« mehr. Ich spüre mehr und kann mich besser auf die Berührungen einlassen. Dieser besondere Tag in Stuttgart hat tatsächlich das gebracht, was ich mir erhofft hatte – und noch mehr. Auf dem Weg zu einem grandiosen Sexleben sind wir ein großes Stück weitergekommen. Und auch sonst fühlen sich die Tage danach irgendwie anders an. Für mich selbst, aber ebenso mit ihm. Schwer zu beschreiben, das ist wahrscheinlich das, was Filomena mit Nachwirkung gemeint hat.

Alle Paare sollten so etwas einmal erleben, wenigsten einmal, finde ich. Wobei viele wahrscheinlich Hemmungen haben, eine dritte Person mit einzubeziehen. Vielleicht kann man so etwas auch zu Hause machen wie eine Art »Fernkurs«? Ich recherchiere ein wenig und finde einige Filme, Bücher und sogar einen Online-Kurs für Tantra-Massage. Sicher nicht das Gleiche wie ein persönlicher Coach, aber doch gute Möglichkeiten für Paare, ihr sexuelles Repertoire zu erweitern und erst mal in den eigenen vier Wänden zu beginnen. Es gibt sogar laminierte doppelseitige Massage-Kurzanleitungen in DIN A4, die man mit ins Bett nehmen kann. Und für diejenigen, die sich mehr trauen und lernen und vielleicht sogar ausbilden lassen wollen, gibt es ein Buch mit einer Übersicht über »die 50 besten Sexschulen«. Niemand soll behaupten, es gäbe nicht genügend Anregungen für mehr Lust im Bett.

Fazit Woche 5: Ich bin begeistert! Jedes Paar sollte einmal im Leben eine solche Erfahrung machen! Vielleicht auch öfter. Ganz diskret und unheimlich effektiv. Es ist nichts dabei, sich in sexuellen Dingen Hilfe zu holen. Denkt ans Tennis …

Woche 6: Elefantenkuh, Pitbull oder Reh – warum wir alle anders sind

Dass alle Menschen unterschiedlich sind, weiß jeder. Doch dass unsere intimsten Körperteile so verschieden sind wie unsere Gesichter, machen sich die wenigsten bewusst. Und genau wie man Kopfform, Haare und Augenfarbe in bestimmte Typen kategorisieren kann, gibt es auch für Geschlechtsteile Kategorien.

Im Juni besorge ich mir ein ganz besonderes Buch. Es muss so etwas wie eine Typenlehre für Geschlechtsteile geben, und ich bin neugierig darauf geworden, als Filomena in Südtirol in einem Nebensatz meinte: »Du bist bestimmt eine Ost-Frau, du hast viel Feuer.« Ähm, ja echt? »Ost-Frauen sind diejenigen, die schnell zum Orgasmus kommen können. Ihr Feuer flammt schnell auf, brennt aber auch schnell wieder herunter. Ihre Herausforderung ist es, das Feuer am Lodern zu halten.«

Dieses Buch über Quodoushka existiert bislang nur in englischer Sprache und enthält das ganz besondere Wissen eines Indianerstammes, welches über lange Zeit geheim gehalten und nur von den Ältesten und Medizinmännern weitergegeben wurde. Vor einigen Jahren hat eine amerikanische Autorin dieses Wissen nun erstmalig veröffentlicht. Darin geht es unter anderem um neun verschiedene Penis- und Vaginatypen sowie neun verschiedene Orgasmusarten. Die neun Typen sind auf dem sogenannten Medizinrad angeordnet, in vier verschiedenen Himmelsrichtungen. Jede Himmelsrichtung birgt verschiedene Eigenschaften, sowohl bei Männern als auch bei Frauen. Das finde ich ziemlich spannend, denn ich will natürlich wissen, welche Typen mein Partner und ich sind, und ob wir auch aus dieser Sicht zusammenpassen. Wir widmen also eine unserer 12 Wochen dem Thema: »Welcher Typ bin ich, welcher bist du?«

Im letzten Jahr haben wir schon einmal im Rahmen eines Paarcoachings einen »Temperamentstest« gemacht und hatten sehr viel Spaß dabei. Dabei ging es um die vier verschiedenen Temperamente, die der griechische Arzt Hippokrates vor über zweitausend Jahren benannt hat, und die vor allem in zwischenmenschlichen Beziehungen eine große Rolle spielen. Jeder hat schon mal von einem Choleriker gehört, und dass er als Partner schwierig sein kann. Und genau darum geht es: Die Temperamentlehre unterscheidet vier Grundtemperamente, die Menschen haben können: cholerisch, sanguinisch, melancholisch und phlegmatisch. Die reine Ausprägung ist natürlich selten, die meisten sind Mischtypen, bei denen aber bestimmte Eigenschaften des dominanten Temperaments hervorstechen. Cholerische Menschen zeichnen sich vor allem durch ihren starken Willen aus. Das landläufige Verständnis eines Cholerikers, dass er dauernd ausflippt und herumschreit, ist nur eine Facette des Temperaments. Sanguiniker verbreiten immer gute Laune, sind aber auch etwas oberflächlich. Die Melancholiker hingegen gehen den Dingen gerne auf den Grund und sind deprimiert, wenn andere nicht so perfektionistisch sind wie sie selbst. Und phlegmatisch heißt nicht faul und unbeweglich, sondern eher, dass man sich so schnell nicht aus der Ruhe bringen lässt. Hierzu gibt es einige nette Bücher von Florence Littauer, »Einfach typisch!«. Bei der Auswertung des Tests in einem dieser Bücher haben wir ziemlich viel zusammen gelacht und festgestellt: Wir sind genau gegengleich. Deshalb können wir uns manchmal einfach nicht verstehen. Ich bin ein cholerischer Sanguiniker und Frank ist ein phlegmatischer Melancholiker. Das soll aber gut zusammenpassen, zumindest ergänzen wir uns sehr gut. Mit diesem Test haben wir beide endlich verstanden, warum wir so ticken, wie wir ticken, und seitdem viel mehr Verständnis für unsere Macken. In Beziehungen ist das Wissen um das Temperament des anderen Goldes wert. Weil man nicht mehr dauernd urteilt und sich über den anderen ärgert, sondern gezielt seine Stärken lieben und nutzen lernt.

Solche Kategorien im Intimbereich, das ist etwas ganz Neues. Ich fange an, das Buch über Quodoushka zu lesen und bin fasziniert. Jeder der neun Typen wird neben der Himmelsrichtung auch einem Tier zugeordnet, das die typischen anatomischen Eigenschaften und teilweise auch den Charakter dieses Typs widerspiegelt. Bei den Frauen gibt es Antilope (Nordosten), Reh (Osten), Fuchs (Südosten), Schaf (Süden), Katze (Südwesten), Büffel (Westen), Bär (Nordwesten), Wolf (Norden) und die »tanzende Frau« in der Mitte.

Bei den Männern wird unterschieden in Elch (Nordosten), Hirsch (Osten), Widder (Südosten), Coyote (Süden), Pitbull (Südwesten), Bär (Westen), Pony (Nordwest), Pferd (Norden) und den »tanzenden Mann« in der Mitte.

Es liegt auf der Hand, dass der Katze-Frau-Typ andere Eigenschaften mitbringt als der Büffel-Frau-Typ, dass der Bär-Mann-Typ anders ist als der Coyote-Mann-Typ. Die weiblichen Typen unterscheiden sich in der Form und Größe der Vaginas, in der Länge und Form der Schamlippen, im Geschmack und im Abstand zwischen Vaginaeingang und Klitoris. Dieser hat einen Einfluss darauf, wie schnell eine Frau zum Orgasmus kommen kann. Dazu gibt es noch ein paar kleine, aber wichtige weitere Unterschiede: Die *Klitoris** ist beispielsweise bei vielen Frauen unter einer kleinen Haube versteckt, und je nachdem, ob diese Haube vorhanden und wie dick sie ist, braucht eine Frau sanftere oder festere Stimulation. Die Klitoris der Rehfrau hat beispielsweise keine Haube, daher ist sie sehr leicht erregbar. Die Büffelfrau im Westen hingegen hat nicht nur eine Klitorishaube, sondern auch sehr fleischige, üppige oft gefaltete Schamlippen und braucht länger, um einen Orgasmus zu bekommen.

Mir fällt es wie Schuppen von den Augen: Ich habe immer gedacht, alle Frauen mögen es sanft, weil ich es sanft mag, aber das ist ein Irrtum! Ich bin nach der indianischen Typenlehre tatsächlich irgendwo im Osten angesiedelt, aber das ist nur eine Möglichkeit von vieren. Viele Frauentypen brauchen durchaus eine starke und längere Stimulation, um überhaupt »in Fahrt« zu kommen. Und es schafft längst nicht jeder Frauentyp, innerhalb weniger Minuten einen Orgasmus zu erleben. Weder an dem einen noch an dem anderen Typ ist etwas falsch, jeder hat seine Qualitäten. Es ist erleichternd zu sehen, dass man nicht unnormal ist, sondern einfach nur ein bestimmter Typ. Ich weiß nicht, wie viele Generationen von Frauen sich gequält haben mit dem Gedanken, irgendetwas sei falsch an ihnen, weil sie schlichtweg nicht wussten, dass es verschiedene Typen Vaginas gibt. Über so etwas wurde nie gesprochen und wird es auch heute selten. Trotz aller Aufgeklärtheit in unserer heutigen Zeit tun sich viele Frauen schwer mit dem Aussehen ihres Körpers und besonders ihrer Geschlechtsteile. Kaum eine ist hundertprozentig zufrieden mit dem, was die Natur ihr gegeben hat. Das fängt bei der Körperform an (zu dick), geht über die

---

* Mit Klitoris ist hier der sichtbare Teil der Klitoris gemeint, die Klitorisspitze. Moderne Forschungen haben gezeigt, dass die Klitoris ein weitaus größeres Organ ist. Der Einfachheit halber spreche ich im Buch von »Klitoris«.

Haut (Dellen), über das Gesicht (Falten) und die Brüste (zu klein, zu groß, zu schlaff, zu straff ...) bis hin zu ihrer Vagina. Dazu hat frau kaum einen Bezug. Sie hat im Gegensatz zu den Männern auch wenig Vergleichsmöglichkeiten. Wann schaut frau schon mal die Vaginas anderer Frauen an? Die unterschiedliche Anatomie von Frauen im Intimbereich kennen höchstens Männer, die verschiedene Sexpartnerinnen hatten. Aber ich glaube kaum, dass sie mit ihren aktuellen Frauen über die Vaginas ihrer Vorgängerinnen reden. Mir hat mal ein Exfreund sehr direkt gesagt: »Du hast aber eine kleine Pussy.« Damit konnte ich damals nichts anfangen, ich habe nur gedacht, hä, was meint der? Mittlerweile ist mir klar, was er gemeint hat. Ich würde mal behaupten, die meisten Frauen haben keine Ahnung, wie ihre eigene Vagina aussieht. Auf die Idee, sich ihre Liebeshöhle mal mit einem Spiegel anzuschauen, kommen sie erst, wenn sie an einem Tantra-Kurs teilnehmen. Vielleicht erhascht man mal einen Blick auf eine fremde Vagina im Swingerclub, doch da muss man sich erst mal reintrauen, in so einen Club. Selbst wenn, dort ist es meistens schlicht zu dunkel ...

Die einzige real praktizierte Gelegenheit für Frauen, andere Vaginas zu sehen, ist in Pornos oder in entsprechenden Magazinen. Dass die Vaginas, die man dort sieht, aber nur einem einzigen Typ entsprechen und die meisten Frauentypen gar nicht abbilden, ist eine große Irritation für Frauen. Sie fühlen sich falsch und hässlich, wenn sie beispielsweise große heraushängende schmetterlingsförmige innere Schamlippen haben. Dieses Thema wird intensiv auf Internetforen für Mädchen und Jugendliche diskutiert. »Meine inneren Schamlippen schauen heraus, bin ich normal?« Man kann selbst mal darauf achten: Wo immer weibliche Genitalien abgebildet sind, in Pornos, Magazinen, im Internet, sieht man kleine Vaginas mit kleinen (rasierten) äußeren Schamlippen, die inneren Lippen sieht man in der Regel gar nicht oder nur ganz leicht. So wie bei jungen Mädchen eben. Auch hier gilt der Jugendlichkeitswahn. Abbildungen anderer Frauentypen werden teilweise sogar digital verändert, damit sie dem Ideal entsprechen. Nach der Quodoushka-Lehre gehören die Vaginas, die man in Pornos oder auf Fotos sieht, dem Typ »Rehfrau« an. So gilt die Rehfrau als sehr verführerisch und sie ist ja auch leicht erregbar. Diese Vagina ist aber nur eine von neun verschiedenen, die anderen sehen teilweise ganz anders aus!

> *Die Vaginas, die man in Pornos sieht, entsprechen immer einem bestimmten Typ, nämlich klein. Wie auch die Penisse einem bestimmten Typ entsprechen, nämlich groß.*

Frauen mit »großen« Vaginas oder langen Schamlippen sollten sich aber nicht schämen, sondern freuen: Denn gerade die großen inneren Lippen können wunderschön sein. Und dass dieser Frauentyp gar nicht so selten ist, beweist eines: Es gibt speziellen wunderschönen Schmuck dafür. Falls eine Frau daran noch zweifelt oder ihr Geschlecht hässlich findet, sollte sie mal »Labienspange« googeln. Das ist ein sehr hübscher Schmuck für die inneren Schamlippen. Frauen tragen doch gerne Ohrringe, Halsketten oder Armreifen, warum nicht auch mal Schmuck an einer anderen Stelle? Keine Piercings, sondern abnehmbaren Schmuck, den natürlich nur sehr ausgewählte Personen zu sehen bekommen. Labienspangen gibt es sogar vergoldet und mit Diamanten besetzt für einige tausend Euro. Das wäre mal ein anderes Weihnachtsgeschenk. Ich habe so ein Ding letztes Jahr in einem Sexshop gesehen und fand es mega-sexy. Leider kann genau ich so etwas nicht tragen, weil ich gar nicht wüsste, wo ich es anbringen soll.

Auch die Penisse werden nach der Quodoushka-Lehre in neun verschiedene Typen eingeteilt, unter anderem je nach Länge, Umfang, Geschmack des Ejakulats und Geschwindigkeit, mit der sie zum Orgasmus kommen. Jeder Mann kann seinen eigenen Typ leicht mithilfe seiner Hände ermitteln. Die Länge wird ermittelt, indem man im erigierten Zustand die eigenen Hände nebeneinander anlegt. Die Dicke bzw. den Umfang ermittelt man, indem man den Penis mit Daumen und Zeigefinger einer Hand umfasst und schaut, ob sich die Finger berühren, ob die Daumenspitze eventuell bis zum ersten Fingerglied geht oder ob aufgrund der Dicke keine Berührung möglich ist. So sind die Penisse des Coyoten-Mannes weniger als zwei Handbreit lang, manchmal nur eine oder noch kürzer. Und beim Umfang kommt der Daumen bis zum ersten Fingerglied oder weiter. Also kurz und schmal. Der Penis des Pferd-Mannes ist hingegen mehr als zwei Handbreit lang und auch dicker, so dass beim Umfassen mit der eigenen Hand sich Daumen und Zeigefinger nicht berühren. Also lang und dick. Dazwischen gibt es alle Varianten von Umfang und Länge. Auch der Winkel, in dem das »Beste Stück« gebogen ist, spielt eine Rolle. Ganz allgemein kann man sagen, dass die schmaleren Penisse schneller zum Orgasmus kommen als die dicken. Das erklärt auch, wieso man in Pornos meistens den Typ »Pferd-Mann« sieht. Der braucht länger und kann länger. Das ist anatomisch und hat nichts mit besser oder schlechter zu tun. Männer sind sehr von Pornos eingeschüchtert, weil dort immer nur die Männer mit den Riesenpenissen gezeigt werden. Pferd-Männer. Aber dieser ist ebenfalls nur ein Typ von neun verschiedenen.

Männer und ihr Penis, das ist so ein Thema. Im Gegensatz zu den Frauen haben sie von Kind an ein anderes, man könnte sagen natürlicheres, Verhältnis zu ihrem Geschlechtsteil, weil sie es jeden Tag mehrmals sehen und in die Hand nehmen. Ihnen ist klar, dass es unterschiedliche Penisse gibt, große, kleine, dicke, dünne, schiefe, gebogene usw., weil sie die Penisse von anderen zu sehen bekommen, und das bereits im Kindesalter. Spätestens in der Dusche beim Sport oder später in der Sauna bekommen sie einen Einblick, wie andere Männer aussehen. Sie sind aber leider von Kind an verunsichert von dem unter Männern herrschenden »Größenwahn«. Es gilt nach wie vor größer, schneller, weiter und wer den »Größeren« hat, ist irgendwie besser. Aus Sicht der Frauen ist beim Sex die Größe des Penis nur ein Aspekt von vielen, Männer halten ihn aber nach wie vor oft für den entscheidenden. Wahrscheinlich gerade dann, wenn ihr »Bestes Stück« eher klein ausfällt. Im Quodoushka gibt es den Tipp für die Coyoten-Männer, dass sie sich die anderen Varianten des sexuellen Zusammenseins wie orale und manuelle Befriedigung aneignen sollen und dann genau so viel Spaß beim Sex haben werden wie alle anderen. Sie gelten übrigens als besonders gute Liebhaber, vielleicht, weil sie sich einfach mehr Mühe geben. So lange in ihrem Kopf nur der Größte gewinnt, werden Männer ein Problem mit Sex haben. Ich finde, jeder Penis ist auf seine Weise schön. Sie erfüllen alle ihren Zweck, keiner ist besser oder schlechter, jeder Typ hat seine ganz besonderen Eigenschaften und mit jedem kann eine Frau Spaß haben. Es gibt übrigens nicht wenige Frauen, die mit den sehr großen Varianten aufgrund ihrer eigenen Anatomie ein Problem haben. Ich persönlich fand es noch nie relevant, wie groß ein Penis ist, denn der klassische Koitus mit »reinstecken« ist ja nur eine Variante von vielen. Doch genau wie die Frauen verunsichert sind, was ihre Vaginas betrifft, sind es die Männer mit ihren Penissen. Für dieses ganze Thema könnte die Kenntnis der neun verschiedenen indianischen anatomischen Geschlechtertypen eine riesengroße Erleichterung sein. Schon allein vom Lesen wird mir klar, welcher Typ ich bin, und ich erkenne auch schnell meinen Partner. Interessant, wie gut und auf den Punkt die Beschreibungen stimmen. Und – wir passen gut zusammen!

Es gibt übrigens eine einfache anatomische Unterscheidung bei Frauen, die in der westlichen Welt bekannt ist (oder zumindest ein sollte). Alle, die sich nicht gleich mit der indianischen Lehre befassen wollen, finden hier einen ganz praktischen Hinweis darauf, ob eine Frau sich leichter oder schwerer tut, durch Geschlechtsverkehr einen Orgasmus zu kommen. Es geht um die »Orgasmus-Abstandsregel«. Zu verdanken haben wir diese der Urgroßnichte von Napoleon, Marie Bonaparte. Diese Dame schien ein großes Interesse sowohl an Sex als auch an Forschung zu haben, sie war zunächst Patientin und dann Schülerin von Sigmund Freud, und ihr wird ein zeitweilig exzessives Liebesleben nachgesagt. Angeblich war sie selbst nicht in der Lage, einen vaginalen Orgasmus zu bekommen, und wollte herausfinden, warum das so war und ob es anderen Frauen auch so ginge. Damals galt ja nur der vaginale Orgasmus, der durch Geschlechtsverkehr hervorgerufen wurde, als echter bzw. reifer Orgasmus. Hat Sigmund Freud gesagt (ein Mann [!]). Marie Bonaparte führte eine Umfrage an knapp zweihundertfünfzig Frauen durch, ob diese rein durch Geschlechtsverkehr zum Orgasmus kommen könnten. Gleichzeitig maß sie bei den Frauen den Abstand zwischen Klitoris und Vaginaeingang und kam zu interessanten Ergebnissen, die sie im Jahr 1924 unter einem Pseudonym veröffentlichte. So zeigte sich, dass Frauen, deren Klitoris mehr als 2,5 Zentimeter von der Vagina entfernt lag, kaum oder gar nicht in der Lage waren, einen Orgasmus rein durch Geschlechtsverkehr zu bekommen. Diese »teleclitoridennes«, zu denen Bonaparte selbst gehörte, seien gegenüber den »paraclitoridiennes« anatomisch benachteiligt und der Abstand zwischen Klitoris und Vagina ein wichtiger Indikator für die Fähigkeit, einen Orgasmus zu erleben. Marie ließ sogar mehrere Operationen über sich entgehen, um diesen Abstand bei sich selbst zu verkleinern, allerdings wohl ohne Erfolg. (Diese Art der OP hat sich nicht durchgesetzt, Gott sei Dank.) Wenn sie gewusst hätte, dass es nicht mal hundert Jahre später batteriebetriebene Geräte in allen Formen und Größen gibt, die nur für die Stimulation der Klitoris konzipiert sind, und mit denen man innerhalb kurzer Zeit einen Orgasmus bekommen kann, egal wie groß der Abstand ist ...

Mir fällt bei meinen Recherchen zu den verschiedenen Sex-Typen und Orgasmus-Abständen ein, dass ich bereits seit Jahren ein Buch über Kamasutra im Regal stehen habe und ich frage mich, ob es da ebenfalls eine Einteilung in verschiedene Typen gibt. Ich glaube, ich habe dieses Buch noch nie genau angeschaut, und das hole ich jetzt nach! Und tatsächlich, dort finde ich die »Typen des Liebesgenusses nach Mass, Begehren und Zeit«. Beim »Mass« spielt die Größe des jeweiligen Geschlechtsteils eine Rolle. Das Kamasutra unterscheidet bei beiden Geschlechtern jeweils drei Typen, die ebenfalls nach Tieren benannt werden, und die unterschiedliche anatomische Merkmale ausweisen und unterschiedlich gut zusammenpassen. Bei den Frauen unterscheidet das Kamasutra in Gazelle, Stute und Elefantenkuh, bei den Männern Hase, Stier und Hengst. Rein vom Körperbau her gibt es optimale sexuelle Verbindungen von Mann und Frau: Gazelle mit Hase, Stute mit Stier sowie Elefantenkuh mit Hengst. Eben die, die ungefähr gleich groß sind. Ein noch größeres Vergnügen gibt es bei ungleichen Verbindungen, wenn der Mann »größer« als die Frau ist, also zum Beispiel Gazelle mit Stier oder Stute mit Hengst. Ungünstig ist laut Kamasutra, wenn der Mann »kleiner« als die Frau ist. Vergnügt sich eine Elefantenkuh mit einem Stier oder gar einem Hasen, kann das das sexuelle Vergnügen beeinträchtigen. Dann ist die Stellung besonders wichtig oder was man sonst noch Nettes miteinander tun kann, sich oral zu befriedigen beispielsweise. Das Kamasutra unterscheidet die Intensität des Begehrens in kühl, mittel und feurig. Versteht sich von selbst, dass auch hier ähnliche Typen besser zusammenpassen als unterschiedliche. Mit »Zeit« ist die bevorzugte Dauer des Geschlechtsverkehrs gemeint, also wie lange man kann und will. Auch in diesem Bereich gesellt sich gleich und gleich gerne, zu große Unterschiede führen zu Unzufriedenheit auf beiden Seiten. Das Kamasutra unterscheidet noch weitere verschieden Typen und Klassen, und ich blättere mit großer Neugier in dem Buch, das ich vor zwanzig Jahren gekauft und bisher nie gelesen habe. Es ist mir aber doch ein wenig zu schwierig zu lesen und ich beschäftige mich lieber wieder mit den Indianern. Und dann kommt mir die Idee, ob man nicht einen kleinen Persönlichkeitstest daraus entwickeln könnte. Ich lese mir die einzelnen Typen nochmal genau durch und entwickle passende Fragen dazu, für die Frauen und für die Männer. Anhand derer kann man seinen eigenen Typ ermitteln. Das ist natürlich nur sehr grob dargestellt, ich habe ja nur dieses eine Buch als Quelle. Doch es macht total viel Spaß und ich beschließe, dass ich diesen Test zukünftig in meinen Seminaren und Workshops anbieten werde. Wenn die Teilnehmer sich trauen, diesen Test zu machen. Vielleicht will mancher gar nicht wissen, was für ein Tier er ist …

Wenn man es schaffen würde, sich selbst und seinen Partner einfach als einen von mehreren verschiedenen Typen zu begreifen, würde das das Selbstbewusstsein sehr vieler Männer wie Frauen stärken und die ständigen Bewertungen und Vergleiche würden endlich aufhören. Es gibt kein »besser« oder »schlechter« und jeder Typ ist genau richtig, so wie er ist. Was die indianische Quodouskha-Lehre und das Kamasutra übrigens gemeinsam haben, ist das Fehlen des Aspekts der »Sünde« in Bezug auf sexuelle Handlungen. Sex ist hier einfach Sex und nichts Verbotenes. Tatsächlich wurde das Kamasutra etwa zur selben Zeit geschrieben wie die Offenbarungen des Johannes. Nur eben in einem völlig anderen Kulturkreis und einer anderen Religion.

»Das völlige Fehlen eines Schuldgefühls oder des Gedankens der Sünde im Zusammenhang mit dem Geschlechtlichen mag daher die wichtigste Botschaft sein, die das Kamasutra dem modernen westlichen Leser zu vermitteln mag«, steht im Kamasutra, den Geheimnissen fernöstlicher Liebeskunst. Es geht also nicht nur darum, den eigenen Geschlechtstyp zu entdecken, sondern sich selbst und seinen Partner voll und ganz als sexuelles Wesen anzuerkennen. Penisse und Vaginas gehören genauso zum Körper wie Nasen und Ohren.

Fazit Woche 6: Die Beschäftigung mit verschiedenen »Geschlechtstypen« hat uns als Paar sehr viel gebracht. Wir fühlen uns beide wohler in unserem Körper, nachdem wir erfahren haben, dass es diese Typeneinteilung gibt. Darüber zu lesen und sich gegenseitig zu erforschen, macht viel Spaß und ist heilsam, für den Einzelnen sowie für Paare. Und – wir sind nochmal auf einer ganz anderen Ebene ins Gespräch über die schönste Sache der Welt gekommen

Woche 7: Tantra zu dritt. Teil II – jetzt ist der Mann dran!

Alle Männer kommen irgendwann in ihrem Leben an einen Punkt, wo sie ausprobieren wollen, ob Sex auch eine ganz andere Erfahrung sein kann, als sie sie bisher gemacht haben. Für Paare ist es natürlich besser, wenn das innerhalb der Beziehung passiert.

Zwei Monate nach unserer ersten Tantra-zu-dritt-Erfahrung, im Juli, wieder an einem Montag, fahren wir erneut nach Stuttgart. Diesmal geht es um meinen Partner, heute ist er dran, er darf sich zwei Stunden verwöhnen lassen und ich darf etwas lernen. Das Motto dieser mittlerweile schon siebten Woche unserer Sex-Challenge ist: Wie kann *er* mehr Spaß haben, worauf ist er neugierig und welche Erfahrungen möchte er machen, die er bisher vielleicht noch nicht gemacht hat?

Wie beim letzten Mal reden wir wenig auf der Fahrt. Wir essen einen Burger unterwegs und freuen uns, einen ganzen Tag Zeit für uns zu haben. Auch ohne reden. In Stuttgart angekommen parken wir im Parkhaus und klingeln pünktlich an der Tür, um uns mit dem Aufzug zu diesem ganz besonderen Penthouse bringen zu lassen. Filomena begrüßt uns, und wie beim letzten Mal setzen wir uns erst mal zusammen und besprechen, was wir heute erleben wollen. Das Vorgespräch hat es in sich. Filomena stellt meinem Partner einige Fragen, möchte von ihm wissen, was ihm Lust bereitet, wie er angefasst werden möchte, wie er sich selber normalerweise anfasst. Dann die Frage an mich:

»Wie berührst du deinen Mann?«

Ich stutze. Ähm. Tja, wie mache ich das eigentlich? Darüber habe ich noch nie nachgedacht. Eher fest, eher sanft? Überall am ganzen Körper oder gibt es Stellen, die ich auslasse? Warum? Gar nicht so einfach. Er scheint ebenfalls zu überlegen.

»Habt ihr darüber schon mal gesprochen?«, will Filomena wissen. Nein, haben wir nicht. Ähm, hätten wir sollen? Nein, alles gut, meint sie, es geht nur um unseren Status quo. Beruhigend zu wissen: Die meisten Paare tun das nicht, wir haben einfach alle nicht gelernt, über unsere intimen Bedürfnisse zu sprechen. Stattdessen: learning by doing.

»Wie du ihn anfasst, ist das so, wie du selbst gerne berührt werden willst?«

Das kann ich mit »Ja« beantworten und sofort wird mir klar, dass er es umgekehrt wahrscheinlich genau so macht. Er langt eher kräftig zu, mir ist das oft zu fest. Aber wahrscheinlich mag er es, genau so angefasst zu werden. Aha. Ich habe so etwas schon vermutet, aber offen darüber zu sprechen, ist nochmal ein anderes Ding. Ich müsste ihn fester anfassen und er mich dafür sanfter. Nichts einfacher als das. Man sollte nicht glauben, dass man seinen Partner kennt, auch wenn man fünf Jahre mit ihm zusammen ist.

Ich erinnere mich: Ich habe es vor Jahren, vor Frank, einmal erlebt, dass meine Art, zu berühren und berührt zu werden zu hundert Prozent mit der eines Mannes zusammenpasste, ohne dass wir uns im Geringsten abgestimmt hätten.

Den Typen hatte ich in einem Swingerclub kennengelernt, eine Zufallsbegegnung, wir fanden uns sympathisch, sind uns nähergekommen und ich bin regelrecht dahingeschmolzen von der Art, wie er mich anfasste. Wir waren ein paar Monate lang zusammen und ich kann mich erinnern, wie wir stundenlang auf meiner Couch lagen und uns einfach nur berührten, weil es sich so unglaublich toll anfühlte. Wir hatten sonst keinerlei Gemeinsamkeiten, aber seine Berührungen waren wie elektrisierend. Irgendwie hatte er ganz besondere Hände, die hatten etwas. Das ist mir so noch nie mit einem anderen Menschen passiert. Er hat sich später, wie ich gehört habe, mit erotischen Massagen selbstständig gemacht.

Zurück nach Stuttgart: Mir wird klar, dass mein Partner und ich in puncto Berührung noch viel Lernpotenzial haben. Vielleicht sollten wir mal gemeinsam einen Massagekurs besuchen.

»Mit Berührung kann man spielen, nichts ist in Stein gemeißelt, und Vorlieben verändern sich«, erklärt uns Filomena. »Die Würze macht ein gutes Essen und die wohlwollende Abwechslung bringt manche unbekannte Seite des Partners ans Licht.« Es sei gut, wenn wir wissen, was wir selbst mögen und was der andere mag. Es sei aber nicht Sinn der Sache, dann nur noch das zu machen. Es gehe um die Bandbreite. Je mehr Arten von Berührung wir uns gegenseitig geben, desto intensiver und facettenreicher das Erleben. Das leuchtet ein. Ich glaube, unsere Bandbreite ist ausbaufähig.

Ein Klavier nur mit zwei Tasten zu spielen, macht zwar zwei schöne Töne, aber noch keine Melodie. Genauso ist es mit Berührung auch: Wer alle achtundachtzig »Tasten« kennt, kann Konzerte spielen.

Was wir in dem Vorgespräch auch feststellen: Es gibt eine Sache, in der wir beide uns sehr ähnlich sind: Wir können beide schnell zum Orgasmus kommen. Was das betrifft, passen wir sogar sehr gut zusammen. Filomena fragt uns, wie lange »es« denn bei uns normalerweise dauert? Ich überlege. Eine Viertelstunde? Das scheint nicht besonders lang zu sein. Nun ja, wir haben ja auch nicht so viel Zeit. Ich meine damit die gesamte sexuelle Begegnung. Die Wissenschaft hat untersucht, wie lange Sex bei Paaren normalerweise dauert. Damit meinen sie allerdings nur die reine Penetration, vom Reinstecken bis zum Orgasmus. Manche Studien kommen auf fünf Minuten, manche nur auf dreieinhalb! Ohne Vor- und Nachspiel versteht sich, das gesamte sexuelle Zusammensein dauert natürlich länger. Also ich hatte dabei noch nie eine Stoppuhr am Bett liegen und frage mich, wer kommt den bloß auf die Idee, so etwas zu messen? Und ich kann mir nicht vorstellen, dass es viele Frauen gibt, die so schnell zum Höhepunkt kommen. Nach der indianischen Typenlehre brauchen viele länger. Aber vielleicht kommen sie auch nicht zum Höhepunkt. Ich finde jedenfalls unsere Viertelstunde für »alles« gar nicht so schlecht.

Filomena vergleicht Sex mit Essen. »Wie lange nehmt ihr euch denn Zeit zum Essen?«

Na, viel länger als eine Viertelstunde meistens auch nicht. Eben. Für den Alltag ist das in Ordnung, doch ein Fünf-Gänge-Menü gelegentlich hat auch etwas. Es würde unser Sexleben sicherlich bereichern, wenn wir uns einmal richtig lange Zeit nehmen, vielleicht eine Stunde oder zwei (ich hatte mal einen One-Night-Stand mit einem Typen, der behauptete, er könne sechs Stunden lang Sex haben. Also mit mir hatte er den nicht ...).

»Slow Sex zielt darauf ab, sich mehr Zeit zu lassen, und aus den dreieinhalb Minuten eine halbe Stunde und mehr zu machen. Ineinander sein, ohne sich zu bewegen, und spüren, was passiert. Oder ein richtig langes Vorspiel ... Ihr könnt natürlich stets auf Gewohntes und Funktionierendes zurückgreifen, auf Stellungen, Worte, Orte, Toys, was auch immer funktioniert, das bringt Sicherheit und Vertrauen. Es geht nicht um besser oder schlechter – sondern um mehr«, ergänzt Filomena ihre Ausführungen.

Mit unseren »Alltagsquickies« sind wir schon ganz gut, jetzt wollen wir das Repertoire erweitern. Eine neue Erfahrung wäre, Erregung langsam aufzubauen, mit ihr zu spielen und sie eine Zeitlang auszuhalten. Also nicht gleich entladen. Oder auch gar nicht. Mein Partner wird neugierig: Er hat schon viel davon gehört und gelesen, dass es einem Mann viel Energie geben soll, wenn er nicht ejakuliert, sondern seine sexuelle Energie bei sich behält. Das ist eine aus dem Taoismus stammende Lehre. Man könnte sagen, wenn der Mann sein Ejakulat bei sich behält, baut er es innerlich ab und verstreut die Energie nicht nach außen. Man stellt sich dabei vor, die wachsende Erregung in den Körper hineinfließen zu lassen, anstatt sie hinauszuschießen. Die Massage unterstützt diesen Prozess mit streichenden Bewegungen von Unterleib beginnend nach außen. Der Mann lernt, bei sich zu bleiben. Es kann für einen Mann erst mal sehr ungewohnt und auch schmerzhaft sein, kurz vorm Orgasmus aufzuhören. Aber das Gefühl hinterher soll gigantisch sein. Wenn er es schafft, im richtigen Moment die Energie im Körper zirkulieren zu lassen, anstatt zu ejakulieren, ist er hinterher sehr munter, viel lebendiger und wacher, und das kann über einige Tage anhalten. Typischerweise schlafen Männer nach der Ejakulation ja direkt ein.

Filomena fragt uns, ob es irgendetwas gibt, was wir nicht wollen, ein Tabu oder sonst etwas, das sie wissen sollte. Wir verneinen, wir sind neugierig auf alles, was passiert. Wir gehen in das schöne Badezimmer mit der großen Badewanne und duschen gemeinsam, während Filomena sich ebenfalls auf die kommenden zwei Stunden einstimmt. Ein wenig später treffen wir uns alle wieder in dem Raum mit dem großen Futon in der Mitte und dem Bild vom Strand in Hawaii. Leise Musik empfängt uns. Wir beginnen wieder mit einem kleinen Ritual und schauen uns tief in die Augen. Filomena lädt meinen Partner ein, sich bequem auf den Rücken zu legen und wir beginnen mit der vierhändigen Massage. Ich bin ganz entspannt, finde es nicht komisch, dass eine andere Frau meinen Partner massiert, im Gegenteil, ich will ja etwas lernen. Ich beobachte genau, wie sie massiert, und versuche, möglichst synchron mit zu massieren. Was gar nicht so einfach ist. Schon nach wenigen Minuten bekomme ich den ersten Schweißausbruch. Es ist warm im Raum. Ich rutsche hin und her, um eine möglichst gemütliche Position zu finden, ohne dass mir die Beine einschlafen. Meine Arme sind irgendwie kürzer als die von Filomena, ich muss mich manchmal ganz schön strecken. Egal, Fokus auf meinen Partner, Gedanken abschalten, anfassen!

Besonders viel Zeit widmet Filomena seinem »Besten Stück«. Bei der sogenannten Lingam Massage (Lingam ist das tantrische Wort für Penis) kommen verschiedene Berührungstechniken zum Einsatz, von sanftem oder festerem Streichen in verschiedene Richtungen, über Drücken, Tätscheln, Kneten, Zupfen und Klopfen bis hin zu leichtem Klatschen mit der flachen Hand. Teilweise wird dafür warmes Öl bzw. Gleitgel verwendet. Es geht darum, andere Berührungsreize zu setzen als normalerweise beim Sex oder auch bei der Selbstbefriedigung. Die meisten Männer haben die gleiche reibende Rauf-runter-Bewegung, wenn sie sich selbst stimulieren, was umgangssprachlich als »runterholen« bezeichnet wird. Frauen tun das Gleiche, wenn sie IHN manuell befriedigen wollen. Ziel ist der Orgasmus und das »Abspritzen«. Die Lingam-Massage hat hingegen einen ganz anderen Hintergrund. Es geht ums Spüren und Erleben verschiedener Empfindungen, um Langsamkeit und Verlängerung des Weges zum Ziel. Ein Orgasmus darf das Ganze beenden, muss aber nicht. Nicht schneller, höher, weiter, sondern langsamer, abwechslungsreicher und eventuell ganz ohne Höhepunkt. Aus drei Minuten kann eine halbe Stunde werden. Die Atmung spielt eine große Rolle dabei, dass der Mann seinen Orgasmus kontrollieren kann. Es gibt mittlerweile übrigens in vielen Städten »Handarbeitsabende« für Frauen, wo man solche Männerverwöhnungstechniken lernen kann.

Filomena fragt meinen Partner während der Massage gelegentlich, wie hoch seine Erregung sei, auf einer Skala von eins bis zehn. Bei bestimmten Berührungen und Handgriffen kommt er schnell auf acht. Dann leitet sie ihn an, sich auf seinen Atem zu konzentrieren. Einatmen, ausatmen wie eine Welle, die anrollt und über ihn spült. Nach einiger Zeit des Atmens ist er wieder bei vier. Dann von vorne. Filomena erklärt mir später, diese Art der Massage sei wie »OM-ming« für Männer. Jetzt werde ich richtig neugierig. Denn von OM für Frauen habe ich schon gehört und bin seit Längerem neugierig, das mal auszuprobieren.

OM (Orgasmic Meditation) habe ich vor einigen Jahren in einem Video kennengelernt. Es ist eine Meditation für den Körper, besser gesagt für die Geschlechtsteile. OM ist im Grunde eine Massage der Klitoris. Sie erfolgt nach klaren Regeln: Die Frau liegt von der Hüfte abwärts entkleidet auf dem Rücken, die Beine geöffnet, der Mann sitzt schräg seitlich neben ihr, mit Blick auf ihr Geschlecht, eines seiner Beine über ihrem Bauch, das andere unter ihrem Bein so, dass er sie bequem berühren kann. Dann massiert er fünfzehn Minuten lang sanft ihre Klitoris mit streichenden Bewegungen. Der Orgasmus ist nicht das primäre Ziel, sondern es geht um Selbstwahrnehmung, ums Spüren, das Sich-Öffnen. Den Geist abschalten, meditieren eben. Die Frau kann sich fallen lassen und einfach nur wahrnehmen, was in ihrem Körper passiert. Der Mann lernt, sich auf die Frau einzustimmen, sie sanft zu berühren. Ich habe gelesen, dass der Druck auf die Klitoris ungefähr so fest sein sollte, wie man ein Augenlid berührt. Irgendwann möchte ich das ausprobieren. Aber heute geht es nicht um mich, sondern um meinen Partner, und ich konzentriere mich wieder auf das aktuelle Geschehen.

Ich beobachte Frank, wie er auf dem Futon liegt und abwechselnd grinst und gähnt. Durch die Massage geht Müdigkeit aus dem Körper, klärt mich Filomena auf, und die entlädt sich ab und zu in einem heftigen Gähnen. Ach so, ich wollte mich schon wundern … Ihm scheint zu gefallen, was Filomena macht. Einige von den Handgriffen kenne ich gar nicht, und ich beobachte neugierig, wie Filomena mit der Erregung eines Menschen spielen kann. Sie fragt ihn, ob er einen Orgasmus haben möchte oder nicht. Filomena hat uns im Vorgespräch gefragt, ob ich etwas dagegen hätte, wenn er durch ihre Massage zum Höhepunkt käme. Ich hatte nicht und habe es auch jetzt nicht. Ich spüre keinerlei Eifersucht, sondern ausschließlich Interesse und Neugier. Ich kann hier so viel lernen, warum sollte ich eifersüchtig sein? Es ist allerdings eine wichtige Sache, das im Vorfeld zu besprechen, und ist Job des Masseurs bzw. der Masseurin, dieses Thema anzusprechen. Das Paar kommt vorher eventuell gar nicht darauf, dass das ein Problem sein könnte, und »mittendrin« eine Diskussion anzufangen wäre unschön. Das Wichtigste ist, dass es allen Beteiligten gut geht. Für mich ist alles in Ordnung, was passiert. Für Frank auch. Er entscheidet sich gegen einen Orgasmus, er will die Energie bei sich behalten und ausprobieren, wie sich das anfühlt. Also wieder atmen und die Welle kommen und gehen lassen, bis die Erregung erneut auf vier zurückgeht und weiter abebbt. Langsam beenden wir die Massage und ich wundere mich, wie schnell die Zeit vergangen ist. Mehr als zwei Stunden. Fühlt sich an, als hätten wir gerade erst begonnen. Ich fühle mich wach und konzentriert, trotz der anstrengenden Sitzpositionen sind mir keine Körperteile eingeschlafen und ich habe eine Menge gelernt. Ich freue mich schon, ein paar neue Griffe zu Hause auszuprobieren. Ich schaue Frank an.

»Und?«

»War gut«

»Und, wie gut genau, erzähl doch mal ein bisschen mehr«, fordere ich ihn auf. »Hm, also es war an Anfang schon etwas schwierig, mich zurückzuhalten. Aber mit der Atmung hat das dann gut funktioniert. Diese Wellenatmung hat mich ziemlich schnell wieder runtergebracht. Das macht man ja normalerweise nicht, sich auf die Atmung zu konzentrieren. Ich bin selbst erstaunt. So etwas habe ich noch nie gemacht und ich finde es interessant, dass es so einfach war. Und dass die Session so lange gedauert hat.«

Ich möchte noch mehr wissen. »Und wie ist das jetzt, wenn du nicht zum Abschluss gekommen bist, fühlt sich das nicht doof an?«

»Nein, es fühlt sich sogar sehr gut an. Ich fühle mich stark und ausgeglichen. So, als hätte ich richtig viel Energie. Ich habe nicht das Gefühl, dass ich irgendetwas brauche. Das sollten wir zu Hause auch mal machen.«

Ich bin zufrieden. Wir werden das schon noch hinkriegen mit dem grandiosen Sex. Ich werde mir ein Buch über Lingam-Massage kaufen und mal schauen, ob es diesen Handarbeitsabend auch in München gibt. Ich möchte mehr darüber erfahren. Frank hat jedenfalls für den Rest des Tages und noch zwei weitere Tage lang sehr viel mehr Energie als sonst, er fühlt sich auch in den nächsten Tagen stark und ausgeglichen. Und ich freue mich, dass ich ihm mit dieser Massage-Session etwas richtig Gutes tun konnte.

Fazit Woche 7: Diese Woche war besonders wichtig, weil ich viel über meinen Partner gelernt habe. Es geht ja um uns beide, auch wenn ich die Initiatorin der Sex-Challenge bin. Beide sollen davon profitieren. Die Techniken, die ich bei Filomena gesehen habe, werde ich ausprobieren. Und das mit der Atmung und dem Nicht-Kommen, ja warum eigentlich nicht? Vielleicht probiere ich das selbst irgendwann aus.

Woche 8: Happy Hour im Swingerclub

Gerade wenn das Sexleben zu Hause eingefahren ist, sollte man die Location wechseln. Anderer Ort – anderer Sex!

Für den August nehme ich mir vor, dass wir mal wieder woanders hingehen zum Vögeln. Das haben wir ewig nicht getan, bei Filomena war es super, aber da hatten wir ja keinen Sex. Also, nicht zusammen. Und so schön unser Schlafzimmer mittlerweile ist, ich mag andere Orte ausprobieren. Außerdem spüre ich, dass meine Lust langsam zurückkehrt. Ende Juli habe ich abgestillt, und langsam verändert sich mein Körper wieder. Ich spüre regelrecht, wie sich meine Hormone wieder neu anordnen und das, was ich so lange vermisst habe – das sexuelle Begehren –, es kommt langsam wieder. Also überlege ich: Wo kann man eigentlich überall Sex haben, außer im Bett? Wir könnten uns im Auto vergnügen – wir haben einen Kombi – oder im Wald auf einer Picknickdecke. Sex in der Natur? Hmmm. Oder in die Stadt fahren? Fahrstühle sind nicht so mein Ding, Umkleidekabinen auch nicht. Es soll ja durchaus Leute geben, die sich gerne der Gefahr ausliefern, beim Sex »erwischt« zu werden. Zu denen gehöre ich aber nicht. Welche Möglichkeiten gibt es noch? Wer bei Google auf diese Frage eine Antwort sucht, findet allerlei abenteuerliche Antworten. Häufig genannt wird »auf der Waschmaschine« oder eben »in der Umkleidekabine«. Auch Aufzug, Auto, Iglu (!), Golfplatz (weil der Rasen so schön weich ist), Klettergarten, Gewächshaus, Riesenrad und Telefonzelle werden empfohlen. Telefonzelle? Was war das nochmal? Mich macht das alles nicht an und ich wundere mich, dass man das Naheliegendste nirgendwo findet.

Wohin geht man, wenn man Sex außerhalb der eigenen Wohnung haben will?

Wie wärs mit einem Swingerclub? Die Umgebung ist dort extra geschaffen für ein Stelldichein und man liegt gemütlich in abgedunkelten Räumen auf riesengroßen Matratzenlagern, kann vorher an der Bar etwas trinken und ist komplett raus aus dem Alltag. Und wer mag, dass andere zuschauen, kann zumindest sicher sein, dass die Zuschauer das auch wollen. Was bei Sex in der Umkleidekabine ja nicht unbedingt gegeben ist. Den Tipps im Internet zufolge scheint es aber eine krassere Vorstellung zu sein, Sex in einem Club zu haben als in einer Geisterbahn. Vielleicht, weil die meisten Leute nicht wissen, dass man in einen Sexclub auch einfach als Paar hingehen und Sex haben kann. Partnertausch ist keinesfalls ein Muss. Es gibt sogar abschließbare gemütliche Pärchenzimmer, in denen man seine Ruhe hat. Es ist auch keineswegs so, dass in solchen Clubs nur dicke alte behaarte Männer rumsitzen und einen anglotzen, man findet in der Regel ein sehr gemischtes und durchaus gepflegtes Publikum vor. Gute Tipps für Clubs mit persönlichen Bewertungen von Gästen finden sich im Internetportal »Joyclub«. Wer sich erste Mal an das Thema Swingerclub herantasten möchte, ist gut beraten, sich vorab ein wenig zu informieren. Auch über die jeweilige »Kleiderordnung«. Jeans und

Straßenkleidung sind ein No-Go, aber auch Badeschlappen und Feinripphemden sind in vielen Clubs nicht erwünscht. Im Rahmen mancher Mottopartys kann es passieren, dass entweder die Männer oder die Frauen nackt sind und das jeweils andere Geschlecht angezogen, für SM- und Fetischpartys sollte man Lack-, Leder- oder Latexoutfits besorgen. An einem ganz normalen Abend reicht normalerweise schöne Unterwäsche für sie und ihn. Ich mag jedenfalls die anregende Club-Umgebung, um in Stimmung zu kommen, und ich möchte endlich mal wieder in Ruhe mit meinem Partner zusammen sein, ohne dass mein Blick auf ein Kinderspielzeug fällt.

In München gibt es einen Club, der öffnet bereits um fünfzehn Uhr. In meinem früheren Leben bin ich öfter dort gewesen. Natürlich immer nur abends bzw. nachts. Was da wohl nachmittags los ist? Bestimmt noch nicht viel. Für uns ist das perfekt, wir wollen ja Zeit für uns und sind nicht auf der Suche nach Fremdkontakten. Im Club werden wir unsere Ruhe haben. Ja, das ist es, drei Stunden am Nachmittag, während unsere Kids sich mit der Babysitterin auf dem Spielplatz vergnügen. Außerdem gibts nachmittags Happy Hour, da kostet der Eintritt viel weniger als am Abend. Ich plane den Termin und schmunzle ich mich hinein.

An besagtem Tag ist es heiß. Sehr heiß. Die Sonne lacht vom Himmel, kein Wölkchen zu sehen. An diesem Sommersamstag kurz nach fünfzehn Uhr einen vollkommen verdunkelten Club zu betreten, ist, ich gebe es zu, etwas seltsam. Wen wir wohl um diese Zeit hier antreffen? Wir gehen hinein und checken erst mal die Lage. Wir werden freundlich von der Bardame begrüßt, unser Spindschlüssel hat die Nummer zwei. Wir gehen zunächst zum Duschen eine Etage höher. Der gesamte Dusch-/Saunabereich ist menschenleer, nur ein paar Wasserspuren auf dem gekachelten Boden zwischen Dusche und Sauna lassen vermuten, dass hier die Person mit der Schlüsselnummer eins war. Und tatsächlich: Ein einzelner älterer Herr, der die sechzig weit hinter sich gelassen hat, sitzt in der Sauna. Ich schaue mich neugierig um. So leer habe ich es hier noch nie erlebt. Mein Blick fällt auf den großen Whirlpool. Vielleicht haben wir nachher noch Zeit dafür. Erinnerungen schleichen sich in mein Bewusstsein. In diesem Club haben wir mal den dreißigsten Geburtstag einer Freundin gefeiert, die seinerzeit hobbymäßig als Prostituierte gearbeitet hat, und genau dieser Whirlpool hat bei ihrer Geburtstagsfeier eine große Rolle gespielt. »Erinnerst du dich noch?«, frage ich Frank. »Ja, Biancas Geburtstag. Klar erinnere ich mich.« Das ist gefühlt ein Jahrhundert her. Wir schnappen uns zwei Duschgelflaschen und seifen uns gegenseitig ein. So eine Riesendusche hat schon etwas. Der Mann in der Sauna schaut uns zu, das stört mich aber nicht. Soll er doch. Ich hätte jetzt keine Lust darauf, ihn mitmachen zu lassen, aber das scheint er ohnedies nicht vorzuhaben.

Erinnerungen ziehen an meinem inneren Auge vorbei: Vor zehn Jahren war ich zum ersten Mal in diesen Räumen, damals war das mein erster Schritt in eine völlig neue Welt der Ekstase. Seitdem konnte ich viele lustige, anregende Abende und Nächte verbringen, immer wieder mit anderen Menschen. Diesem ersten ganz besonderen Besuch habe ich ein Kapitel in meinem Buch *»gesundgevögelt«* gewidmet, weil er mich damals so sehr beeindruckt hatte. Ich habe auch mal einen Geburtstag gefeiert, damals gab es eine Flasche Sekt aufs Haus und ich durfte eine achthändige Massage genießen. Wahrscheinlich ist es so, dass Menschen immer wieder gerne an Orte zurückkehren, wo sie Positives erlebt haben. Sicher hat nicht jeder die gleichen positiven Assoziationen wie ich zu Swingerclubs. Aber bestimmt kennt jeder solche Orte, die sofort Erinnerungen an erotische Situationen und Sex hervorrufen. Es ist sehr hilfreich in Zeiten von erotischen Flauten, diese Orte wieder aufzusuchen. Paare können sich fragen, wo sie ihren geilsten Sex hatten, als sie heiß verliebt waren und dann wieder dorthin fahren. Unser

Gehirn ist so strukturiert, dass es sehr starke positive Gefühle sofort wieder hervorrufen kann, wenn wir bestimmte Reize aktivieren, die in dem Moment aktiv waren, als die Gefühle erstmalig entstanden sind. Das kennt jeder, der an Weihnachten denkt, wenn er Zimt riecht oder sich an ein heißes Party-Date erinnert, wenn er einen Helene-Fischer-Song hört. Für mich sind in dem Club so viele Reize aktiv, dass ich quasi auf Knopfdruck mein Hirn abschalten und mich erotisch fühlen kann. Hemmungen, die ich an anderen Orten, zum Beispiel in einer Sauna im Schwimmbad, hätte, sind hier nicht vorhanden. Es ist mir tatsächlich völlig egal, ob jemand zuschaut, wenn ich mit meinem Partner nackt unter der Dusche stehe.

Nach ausgiebigem Einseifen und Abtrocknen gehen wir eingekleidet in schicke Dessous und jeder mit einem großen blauen Handtuch in der Hand unten an die Bar, um erst mal anzustoßen. Mein Blick fällt auf einen Fernseher neben dem Spirituosenregal, in dem eine hübsche Frau von einem Typen mit Riesenschwanz gerammelt wird. Ja, ich glaube »rammeln« beschreibt das am besten, was sie tun. Er sitzt breitbeinig auf einem Sessel und sie sitzt auf ihm drauf, mit dem Rücken zu ihm, ebenfalls breitbeinig, so dass der Zuschauer einen direkten Blick auf den Ort des Geschehens hat. Es sieht fürchterlich unbequem aus, die Gesichter verraten Anstrengung und gespielte Lust, und ich frage mich, ob es irgendjemanden auf diesem Planeten gibt, der das anregend findet. Hier laufen nonstop Pornos, das gehört dazu. Ich muss wieder schmunzeln. Ach, irgendwie habe ich es vermisst, dieses ganz besondere Flair in diesem Club. Der Herr aus der Sauna kommt herunter, holt sich eine Tasse Kaffee und ein Stück Kuchen und setzt sich auf eine der breiten Couchen am anderen Ende des Raumes. Ich frage mich immer noch, was jemanden allein an einem heißen Sommertag hierherzieht. Der Kaffee kann es nicht sein. Ich bestelle einen Aperol Spritz und trinke ihn in drei Zügen aus. Aahh, herrlich, jetzt kann ich richtig lockerlassen. Wir reden. Endlich mal in Ruhe und nicht übers Geschäft. Ich hole mir ein Stück Apfelkuchen und bin zufrieden mit meinem Plan für diesen Nachmittag. Im Fernseher vor uns wird gerammelt, wir fangen an zu knutschen und irgendwann klingelt es wohl an der Tür, es kommen weitere Gäste. Nach dem zweiten Spritz und gestärkt mit Kuchen begeben wir uns eine Etage höher, um uns ein nettes Plätzchen zu suchen. Wir gehen durch die Räume und schauen uns alles in Ruhe an. Der Dschungelraum ist für Paare reserviert und abschließbar, den nehmen wir. Endlich mal ins Dschungel-Camp, haha. Zwischenzeitlich ist ein Pärchen aufgetaucht, doch es scheint sich nicht für uns zu interessieren. Sie wollen sich wohl erst mal in der Saune aufheizen. Als ob es draußen nicht genug heiß wäre. Immerhin, noch eine Frau …

Wenn Paare das erste Mal so einen Club besuchen, ist es hilfreich vorher zu besprechen, was sie erleben möchten und vor allem, was nicht. Zumindest sollten Partner ihre absoluten No-Gos ansprechen, sofern es welche gibt. Es kann schnell passieren, dass man mit anderen auf einer Matratze landet, wenn man es darauf anlegt, und dann sollte jeder die Grenzen des anderen kennen. Vor allem wenn bereits Eifersucht oder große Unzufriedenheit herrschen oder man den anderen nicht einschätzen kann, ist ein wenig Zurückhaltung hilfreich. Wenn Partner einander vertrauen und die Beziehung stabil ist, wird ein Swingerclub-Besuch daran nicht viel ändern, selbst wenn einer von beiden (oder beide) über die Stränge schlagen sollte. Unser gemeinsamer erster Besuch in einem Swingerclub war eine große Überraschung für uns beide: Wir wollten wirklich »nur mal schauen«, ich war seinerzeit schon öfters in Clubs gewesen, mein Partner noch nie, und ich wollte ihm mal zeigen, wie das so ist, und mit ihm gemütlich essen gehen – in den meisten Clubs gibt es ein hervorragendes Buffet. Dass wir mit sechs oder sieben anderen Personen bereits nach etwas mehr als einer Stunde auf einer Matratze lagen, hatten wir beide nicht erwartet. Es war echt lustig, wir hatten glaube ich alle den Spaß unseres Lebens. Für mich war allerdings klar: Fummeln ist okay, Sex habe ich nur mit ihm. Das habe ich ihm mitten im Getümmel ins Ohr geraunt, und damit war die Sache klar.

Heute wird es keine Interaktionen mit anderen geben, wir wollen nur für uns sein.

Wir verziehen uns in den Dschungelraum und breiten uns mit unseren Handtüchern auf den grün bezogenen Matratzen aus. Es ist ein riesen Unterschied, Sex zu haben, ohne ständig mit einem Ohr zu lauschen, ob ein Kind wach wird. Hier kann ich endlich komplett abschalten und mich gehen lassen. Ich blicke auf Plastikäste und -blätter und eine Stoffschlange, die dazwischen hervorlugt. Was für ein verrückter Nachmittag!

Eine halbe Stunde später sitzen wir wieder unten an der Bar und sind happy. So wahnsinnig lange hat unser Sex nicht gedauert, wir wollten uns ja eigentlich mal mehr Zeit nehmen. Wahrscheinlich waren wir beide ausgehungert. Dafür gibt es jetzt einen gemütlichen Ausklang bei einem Glas Baileys. Der Sechzig-plus-Herr sitzt immer noch auf der Couch. Gegenüber hat das Pärchen Platz genommen und knutscht wild rum. An der Bar sind drei Männer, die sich unterhalten. Ob die alle zusammen hierhergekommen sind? Oder vielleicht kennen sie sich von anderen Nachmittagen? Mein Blick fällt wieder auf den Fernseher, diesmal auf eine Frau, die es sich mit weit geöffneten Beinen selbst macht. Wir prosten uns zu.

Ich bin auf einmal wieder wahnsinnig verliebt in meinen Partner.

Was ist das für ein cooler Typ, der meine vielen verrückten Ideen mitmacht. Viel zu selten schaue ich ihm tief in die Augen, sehe ihn als Mann und Liebhaber und nicht nur als

Geschäftspartner und Papa meiner Kinder. Ich fühle mich wie ein Teenager mit dem ersten Freund. Das mit dem Tief-in-die-Augen-Schauen ist wirklich wichtig, das wird mir immer klarer, je öfter wir es tun. Wir kommen im Gespräch kurz auf unsere Firma und einen neuen großen Auftrag. Das nimmt ein wenig die Romantik, doch die Verliebtheit bleibt. Sex verbindet eben, das ist tatsächlich so. Ich wusste, dass es gut sein würde herzukommen. Ich wusste nicht, dass es *so* gut wird. Ich bestelle noch ein zweites Glas Baileys. Um kurz vor achtzehn Uhr gehen wir duschen, um pünktlich zu Hause zu sein. Kurz vor unserer Wohnung kommt uns die Babysitterin entgegen. Sie war mit den Kindern die ganze Zeit auf dem Spielplatz. Die Kids hatten ihren Spaß und wir auch. Das können wir öfter machen.

Dass es wichtig ist, sich regelmäßig Auszeit-Oasen zu schaffen, ist eine meiner wichtigsten Erkenntnisse. Ob mit Kindern oder ohne, wenn Alltagsroutine in einer Beziehung Einzug hält und die Lust aufeinander ihre Dringlichkeit verliert, braucht es die bewusste Kreation von Glücksmomenten. Natürlich muss das nicht unbedingt der Swingerclub sein, aber irgendwo außerhalb des gewohnten Ehebetts zusammen zu sein, ist schon sehr hilfreich. Ein gemeinsames Abenteuer zu erleben, verbindet. Solche besonderen Momente passieren nicht von allein, zumindest sind sie selten. Und sie werden seltener, je länger ein Paar zusammen ist. Sie müssen kreiert werden, und zwar bewusst. Eine andere Umgebung hilft dabei. Im Alltag dreht sich bei mir und meinem Partner alles ums Geschäft und um die Kinder. Da sind wir ein gutes Team und kommen super klar. Und gehen früh ins Bett. Doch in unseren Auszeiten geht es um uns. Um Nähe. Um eine tiefere Verbindung. Das sind Momente, von denen ich lange zehre.

Welche Möglichkeiten gibt es noch für Alltags-Auszeiten, die auch kurzfristig, unter der Woche oder tagsüber organisiert werden können? Für mich liegt Swingerclub nahe, weil ich dort schon gewesen bin und mich auskenne. Und es gibt einen in der Nähe, der bereits nachmittags öffnet. Für alle, denen das noch eine Spur zu heiß ist oder die keinen solchen Club in der Nähe haben, die sich dennoch auch mal tagsüber vergnügen möchten, empfehle ich den Besuch eines Stundenhotels. Ja, genau. Und jeder, der da gleich an Prostituierte und Bahnhofsviertel denkt, wird sich wundern. Selbst große Hotelketten bieten heutzutage Zimmer zum Tagestarif an und die echten Stundenhotels für die schönste Sache der Welt erleben ein Revival. Angeblich hängt das mit der steigenden Zahl der Seitensprungagenturen zusammen. Die Leute, die einander dort daten, müssen ja irgendwo hin! In München gibt es allein vier verschiedene stundenweise mietbare Etablissements, die modern, diskret und sexy daherkommen. Kunden sind vor allem Paare und Seitenspringer. Professionelle Sexarbeiter gibt es dort auch, doch die anderen sind auf dem Vormarsch. Ab 25 Euro die Stunde gibt es ein Zimmer, teilweise sogar mit Whirlpool und Sektflasche. Diese Hotels boomen in allen großen Städten, es lohnt sich, danach zu suchen. Immer mehr Paare holen sich hier den besonderen Kick.

> *Endlich mal wieder einfach Sex haben – ohne Rücksicht auf Kinder, ohne Gedanken an Abwasch und ohne Blick auf Legosteine.*

Ein Stundenhotel eignet sich perfekt dafür, Sex zu haben. Man muss nicht aufräumen, um eine schöne Atmosphäre zu schaffen, die ist schon da. Und wenn man fertig ist, kann man einfach wieder gehen. Wie schön, sich der schönsten Sache der Welt hinzugeben, ohne zwischendurch zu horchen, ob die Kinder schlafen, und ohne das Piepen der Spülmaschine zu hören. Nein, einfach nur vögeln. Allein der Besuch eines solchen Hotels hat ein bisschen etwas Verruchtes, und ein solches Abenteuer mit dem Partner zu erleben, verbindet. Bietet sich übrigens auch für Rollenspiele an, wo man noch mehr die Alltagsdinge vergessen kann. Die eine Stunde, oder zwei oder drei Stunden, sind sehr gut investiert.

Wer es noch ein wenig »seriöser« mag, geht nicht in ein typisches Stundenhotel, sondern in ein ganz normales Hotel, das seine Zimmer stundenweise bzw. tagsüber vermietet. Mittlerweile existieren mehrere Internetportale mit Hotels, die ihre Zimmer »von neun bis fünf« vermieten. Ursprünglich für Businesskunden entwickelt, die tagsüber zwischen ihren Terminen mal duschen oder ausruhen wollen, sind hier natürlich auch Paare gern gesehen. Der Tagespreis ist wesentlich günstiger als der Nachtpreis und eine echte Alternative, wenn man mal aus dem eigenen Schlafzimmer entkommen will. Das Thema Stundenhotel kommt auf meine Liste für später.

Fazit Woche 8: Gemacht! Dieses wird eindeutig eines meiner Lieblings-Erlebnisse! Endlich finde ich wieder eine Verbindung zu der Sexgranate in mir. Es hat tatsächlich diese Umgebung gebraucht, um mich daran zu erinnern, wie viel Spaß ich am Sex haben kann! Es ist verrückt, aber ich habe mit Clubs einfach viele positive Verknüpfungen in meinem Hirn. War gut, die wieder zu aktivieren.

Woche 9: Liebe dich selbst, entspann dich selbst

Wenn Frauen mehr für sich selbst sorgen würden, wäre die Welt ein friedlicherer Ort

Ihr habe ich in meinem 12-Wochen-Plan auch ihr eine Woche eingeräumt: der Selbstliebe. Also widme ich eine Woche mir selbst. Und dafür wähle ich eine Woche, in der ich sowieso allein unterwegs bin: Ich nehme nämlich im Herbst an einer Weiterbildung in Kroatien am Meer teil, einem Workshop für Geschäftsfrauen, und bei diesem geht es neben Business auch um das Thema Weiblichkeit. Der perfekte Zeitpunkt, um mich mit mir selbst zu beschäftigen. Ohne Partner und ohne Kinder. So eine Selbstbeschäftigungs-Woche muss in mein Programm, weil ich weiß, dass zum Thema Selbstliebe bei mir noch eine Menge Potenzial brachliegt. Und weil ich weiß, dass das ein Riesenthema für alle Frauen ist. Mein Partner und ich, wir haben schon viel gemeinsam erlebt und unsere Beziehung hat sich merklich verbessert. Jetzt ist es Zeit, bei mir selbst zu schauen.

Jede andere Frau mag für sich entscheiden, in welchem Rahmen die Beschäftigung mit sich für sie passt und stimmig ist. Es wäre sicher auch eine Überlegung, eine Woche allein Urlaub zu machen. Sich mal zurückzuziehen aus dem

Alltag. Für mich war der erste Schritt, zu entscheiden, an diesem Workshop teilzunehmen. Denn eine ganze Woche wegzufahren, wenn die Kinder noch so klein sind, ist eine ziemliche Herausforderung. Ich habe darauf vertraut, dass mein Partner diese Woche mit den Kids hinkriegt. Die Stillzeit ist beendet, theoretisch bin ich abkömmlich, trotzdem ist es nicht so einfach, ohne die Zwerge in die weite Welt hinaus zu reisen. Das wird mir jede Mutter bestätigen, und ich hatte einige Bedenken, ich gebe es zu. Doch als ich in Kroatien im Fünf-Sterne-Hotel ankomme, weiß ich, das war die richtige Entscheidung. Ich habe mein schlechtes Gewissen den Kindern gegenüber zu Hause gelassen. Sie werden in dieser Woche jede Menge Spaß mit den Babysittern, Oma und dem Papa haben und eine runderneuerte Mama zurückbekommen.

Am Abend, nachdem ich eingecheckt bin und mir ein wenig das Hotel angeschaut habe, gehe ich erstmal eine Runde am Strand spazieren. Ich atme die frische Luft und den Duft nach Meer und Pinien ein. Es wird mir so unendlich guttun, ein paar Nächte durchzuschlafen und den Fokus beim Frühstück mal auf dem Tisch zu haben und nicht auf dem, was unter dem Tisch landet. Ich bin stolz auf mich und ich bin sehr stolz auf meinen Partner. Ich weiß, er wird das alles ohne mich hinkriegen. Und er wird eine andere, entspanntere Frau wiederbekommen.

Ich habe meinem Partner zugetraut, dass er sich eine Zeitlang um alles kümmert, Kinder, Firma und den ganzen Alltagwahnsinn, wirklich um alles – außer um mich.

Jeder versteht unter Selbstliebe wahrscheinlich etwas anderes. Für mich bedeutet es vor allem, dass ich mir selbst Gutes tue, für mich sorge und nicht erwarte, dass andere das tun. Frauen, und besonders Mütter, neigen dazu, sich immer erst um alle anderen zu kümmern, und um sich selbst nur, wenn noch Zeit und Ressourcen übrig sind. Was oft nicht der Fall ist. Die Frau kommt ständig zu kurz und redet sich dabei noch ein, es wäre für einen guten Zweck. Grundsätzlich ist es ja in Ordnung, sich um andere zu kümmern. Wenn wir Frauen das nicht in unseren Genen hätten, wäre die Menschheit schon lange ausgestorben. Doch wenn eine Frau dauerhaft zu kurz kommt, wird sie unter der Oberfläche wütend, das kriegen irgendwann alle anderen ab. Und es hat einen großen Einfluss auf das Sexleben.

Mir ist erst im Alltag mit zwei Kindern klargeworden, wieso ich so oft den Ratschlag höre: »Kümmere dich erst mal um dich selbst.« Oder: »Wenn Mami happy ist, sind alle happy.« Weil ich viel zu wenig für mich gesorgt habe. Weil ich eben unter der Oberfläche nicht happy war. Ich war von dem diffusen Gefühl getrieben, dass ich als Mutter irgendwie keinen Anspruch mehr auf eigene Bedürfnisse habe. Und selbst wenn ich ihn hätte, wüsste ich nicht, wo ich ihn unterbringen sollte. Das Gleiche gilt übrigens für Frauen ohne Kinder, die sich im Beruf, im Ehrenamt oder im Freundeskreis verausgaben. Das Gefühl dahinter ist stets das gleiche: die anderen zuerst. Das Gefährliche daran ist: Je mehr Stress die Frau hat, desto höher werden ihre Erwartungen an den Partner, egal ob in der Küche oder im Bett. Männer verzweifeln an den (unausgesprochenen) Erwartungen ihrer Frauen, denn sie bekommen irgendwann das Gefühl, egal was sie tun, sie können es ihr nie recht machen.

Wenn wir es selbst nicht schaffen, uns glücklich zu machen, wie können wir von unseren Partnern erwarten, dass sie es tun?

Eine entspannte Frau freut sich über kleine Aufmerksamkeiten, eine angespannte Frau fühlt sich davon abhängig. Deshalb bezieht sich Selbstliebe auf alle Bereiche, emotional, praktisch und sexuell. Frauen, sorgt für euer Glück! Eine entspannte Frau ist ein Segen für ihre Kinder und vor allem für ihren Partner. Nur aus diesem Zustand heraus können Frauen den Sex wirklich genießen. Und nehmen ihren Partnern damit unglaublich viel Druck. Ich glaube, dass dadurch sogar viele Trennungen verhindert werden können. Weil die Frauen dann klarsehen, was sie wollen und brauchen und es ohne Druck kommunizieren können, und weil ihre Partner nicht ständig einem unerfüllten Bedürfnis hinterherarbeiten müssen.

In der Woche in Kroatien am Meer finde ich Zeit, mir über vieles Gedanken zu machen, auch über meine eigenen Erwartungen und Wünsche. Ich setze mich an einem Morgen nach dem Frühstück auf den Balkon mit Blick in den Pinienwald, nehme mir ein Blatt Papier und schreibe alles auf, was mir spontan einfällt, was ich alles von meinem Partner erwarte: Er soll bitte noch mehr Geld verdienen, dabei aber möglichst oft zu Hause sein und mir die Kinder abnehmen. Er soll ein guter Liebhaber sein, beim Sex gerne öfter die Initiative übernehmen, wenn ich müde bin, und am liebsten morgens mit den Kindern aufstehen und mich noch ein Stündchen schlafen lassen. Er ist doch Frühaufsteher, ich nicht. Er soll sich weiter so gut im Haushalt einbringen (das macht er wirklich, wir haben nie Streit, wer den Windelmüll runterbringt), aber es wäre doch schön, wenn er auch kochen könnte. Und er soll bitte endlich die Milchfläschchen in der richtigen Temperatur machen! Als ich anfange, das alles aufzuschreiben, muss ich schmunzeln. Den Zettel muss ich auf jeden Fall später in ganz kleine Stücke zerreißen.

Es ist gut, sich seine Erwartungen bewusst zu machen. Ich habe jetzt eine Grundlage, anhand derer ich überlegen kann, was mir wirklich wichtig ist und was nur aus meinem eigenen Druck entsteht und mir sofort egal wird, wenn ich entspannt bin. Gut, dass ich hier bin. Im Workshop tausche ich mich mit anderen Frauen aus, die genau wie ich auf dem

Weg sind, ihr Leben zu designen, sodass es für alle passt und Spaß macht. Alle haben ähnliche Themen und viele haben das Gefühl, dass die Selbstliebe bei ihnen zu kurz kommt und immer erst alle anderen an der Reihe sind. Dabei gibt es so viele Facetten von Eigenliebe, und auch hierfür bekomme ich viele Ideen. Für eine Frau kann sich selbst zu lieben beispielsweise bedeuten, einmal im Monat zur Massage, zur Kosmetik oder Maniküre zu gehen. Es kann bedeuten, einen freien Abend in der Woche mit Freundinnen zu verbringen, Sport zu machen oder einfach »abzuhängen«. Es kann bedeuten, allein zu reisen oder kreativ tätig zu werden. Oder es sind Kleinigkeiten im Alltag, mit denen frau sich selbst lieben kann, die Tasse Cappuccino, wenn die Kinder aus dem Haus sind, der Flirt mit dem Obstverkäufer, das Telefongespräch mit der besten Freundin. Vielleicht nimmt frau sich selbst mal in den Arm, einfach so, und anerkennt sich für alles, was sie heute schon getan hat.

An einem Tag klinke ich mich aus, um mich richtig auszuruhen und endlich ein paar Dinge abzuarbeiten, die seit Langem auf meiner To-do-Liste stehen. Ich genieße das ausgiebige Frühstück und lege mich danach erst mal für ein paar Stunden auf mein Bett, höre Musik und döse vor mich hin. Ich erlebe ein Gefühl, das ich lange nicht mehr gehabt habe, eine tiefe Entspannung, die sich wie eine Welle in mir ausbreitet. Ach so fühlt sich Entspannung an! Hatte ich echt vergessen. Am Nachmittag gehe ich im Meer schwimmen und lege mich anschließend ins Dampfbad. Spätnachmittags setze ich mich mit meinem Computer auf eine Couch in der Lounge direkt am Meer, schlürfe einen Cocktail und merke gar nicht, wie schnell ich alles erledige, was zu tun ist.

Abends beschäftige ich mich mit dem Thema Selbstbefriedigung. Auch das gehört zur Selbstliebe dazu und ein Orgasmus zählt bekanntlich zu den Dingen, die eine Frau am effektivsten und schnellsten entspannen. Für mich ist es von jeher natürlich gewesen, für mich selbst zu sorgen, wenn ich unterwegs bin. Ich tue das auch sonst schon mal, wenn wir zu Hause nicht zum Sex kommen. Es hilft so wunderbar beim Einschlafen!

Heute möchte ich diesem Thema tiefer auf den Grund gehen. Bevor ich schlafen gehe, klappe ich meinen Laptop erneut auf, denn mich interessiert noch etwas. Wie ist das mit der Selbstbefriedigung bei Frauen? Nutzen sie diese Ressource, um sich glücklich zu machen? Bei meinen Recherchen stoße ich auf viel Verunsicherung. Viele fragen sich: Ist es okay, sich auch in einer Beziehung selbst sexuell zu beglücken? Ist dafür nicht der Partner für zuständig? Selbstbefriedigung hatte noch bis vor wenigen Jahrzehnten einen sehr schlechten Ruf, teilweise hat sie den sogar heute noch. Man würde davon Pickel bekommen, hieß es, und das ist noch die harmloseste Unterstellung. Man glaubt es kaum, es gibt nach wie vor religiös angehauchte Schriften (von 2015!), die Selbstbefriedigung nur in Übergangsphasen erlauben und nicht als etwas Natürliches ansehen, sondern als »Hilferuf« interpretieren. Hä? Die männliche Selbstbefriedigung, wohlgemerkt, die weibliche wird gar nicht erwähnt. In etwas moderneren Schriften liest man hingegen zunehmend häufiger, dass Selbstbefriedigung einfach nur eine weitere Variante von Sex ist, so wie eine neue Stellung. Und dass sie innerhalb der Beziehung, innerhalb des normalen Alltags und sogar innerhalb eines Liebesspiels mit dem Partner zum Einsatz kommen kann. Und dass man durchaus seinen Partner dabei zuschauen lassen kann, ja, dass dieser das vielleicht sogar sehr erotisch findet. In der BRAVO fragt ein Jugendlicher: »Selbstbefriedigung trotz Beziehung – ist das Fremdgehen?« Und Dr. Sommer antwortet mit Ausrufezeichen: »Die meisten Menschen onanieren auch dann noch, wenn sie einen Liebespartner haben!« Vielleicht sollten wir einfach dazu stehen, dass Sex ein ganz normales Bedürfnis ist wie schlafen und essen. Und dass wir das mit dem Partner teilen können oder auch nicht. Und nicht nur das: Wir sollten es genießen und zelebrieren. Gerade wir Frauen. Sich selbst sexuell zu befriedigen, ist eine der effektivsten (und schnellsten!) Methoden zum Entspannen. Und vor allem: kostet nichts. Ich finde, das ist überhaupt *die* Lösung für eine entspannte Partnerschaft. Man muss gar nicht ewig darüber reden, einfach machen, kommen und friedlich werden. Männer sind, was das betrifft, bekannterweise viel lockerer, die meisten kennen das mit dem Selbermachen und tun es regelmäßig. In bestimmten Phasen, zum Beispiel kurz nach einer Geburt, muss der Mann ohnedies selbst Hand anlegen, dann ist es normal. Oder, wenn die Frau aus welchem Grund auch immer keine Lust hat oder weniger Sex braucht als der Mann, na dann darf er doch selbst für sich sorgen. Es soll Frauen geben, die an Trennung denken, wenn ihr Partner Pornos guckt. Vielleicht sollten sie akzeptieren, dass es unterschiedlich stark ausgeprägte sexuelle Bedürfnisse gibt und anstatt sich darüber aufzuregen: selbst Hand anlegen. Für Frauen ist es oft neu, aber sehr erhellend. Beim Orgasmus wird das Feuerwerk von Glückshormonen ausgeschüttet, unabhängig davon, wer einem dazu verholfen hat.

Ich gehe ins Bad und hole mir meinen kleinen Mini-Vibrator. Den hat mir mal eine Sexshop-Besitzerin geschenkt, nachdem ich eine Lesung in ihrem Geschäft gehalten habe. Er ist nur so groß wie ein Lippenstift und sieht auch so aus. Den habe ich immer in meinem Kulturbeutel, für Reisen perfekt geeignet. Ich lege mich wieder ins Bett und lösche das Licht. Der Brummton ist so leise, dass man ihn kaum hört. Nachdem ich in den letzten Wochen verschiedene Varianten von intimen Selbst-Massagen ausprobiert habe, lasse ich heute meinen kleinen elektrischen Freund die Arbeit machen. Und der macht das sehr gut ... Beim Einschlafen muss ich an den Frauen-Sextoy-Abend denken, an dem eine Teilnehmerin nach dem Sinn von Vibratoren fragte. »Ich habe doch eine gesunde Hand ...?« Die schlagfertige Antwort der Toy-Beraterin: »Der Unterschied ist ungefähr so als wenn du

Kutsche oder Porsche fährst.« An dem Abend wurde ziemlich viele Vibratoren gekauft.

Fazit Woche 9: Ich weiß gar nicht, wie mein Partner diese Woche verbracht hat, aber bestimmt hat er die Zeit gut genützt. Für mich war es sehr heilsam, mir endlich wieder Zeit für mich zu nehmen. Als die Woche vorbei ist, fühle ich mich geerdet, in meiner Mitte, und bereit, mich wieder gut gelaunt auf den alltäglichen Wahnsinn zu Hause einzulassen.

Woche 10: Ich entdecke meinen A-Punkt

Frauen können mindestens fünf verschiedene Orgasmus-Arten erleben. So wie es sich anders anfühlt, wenn man Nase, Ohren oder den Rücken streichelt, fühlen sich auch die verschiedenen Orgasmus-Punkte unterschiedlich an.

Heute bekomme ich eine Massage. Eine besondere. Massage-Plus könnte man sagen. Und ich bin verdammt gespannt darauf. Ich sitze im Zug nach Stuttgart und fahre nochmal zu Filomena, diesmal allein. Ich möchte mein Selbstliebe-Projekt noch eine Woche verlängern und in Deutschland damit weitermachen. Vielleicht gibt es noch Facetten zu entdecken, die mir bisher verborgen geblieben waren. Die eine Woche in Kroatien hat gutgetan, und ich möchte tiefer einsteigen. Ich brauche weitere Zeit für mich allein. Filomena hat mir beim letzten Mal etwas vom A-Punkt erzählt, den es bei Frauen gibt, und dessen Massage ein ganz besonderes Erlebnis sein soll. Na, das will ich doch ausprobieren!

Guter Sex hat viel mit gutem Körpergefühl zu tun. Logisch eigentlich, Sex macht man ja mit dem Körper. Dennoch haben viele Menschen – und vor allem Frauen – keinen wirklichen Zugang zu ihrem Körper als Sexualinstrument. Angeblich haben bis zu dreißig Prozent der Frauen im deutschsprachigen Raum noch nie einen Orgasmus erlebt. Für mich persönlich ist das schwer nachzuvollziehen und ich wünsche wirklich jeder Frau, dass sie diese Erfahrung machen kann. Wahrscheinlich liegt es daran, dass die Selbstbefriedigung bei Frauen mit so starken moralischen Tabus verbunden ist.

Ich habe immer gedacht, dass ich ein sehr gutes Körpergefühl habe und mich selbst sexuell sehr genau spüren kann. Und dennoch gibt es auch für mich noch eine Menge zu lernen. Was meine Art, Sex zu haben, betrifft, habe ich mehr oder weniger immer die gleichen Trigger und den gleichen Ablauf: Lustgefühl, Erregung. Noch mehr Erregung. Orgasmus. Entspannung. Ich glaube, meine Art, Sex zu haben, ist ziemlich männlich. Zumindest mag ich nach dem Orgasmus am liebsten gleich schlafen. Und ich glaube, dass meine Orgasmen meistens klitoral sind. Ich kenne den Unterschied zum G-Punkt-Orgasmus, der sich definitiv anders anfühlt als der klitorale. Den habe ich bisher vor allem im Kontext von Tantra-Massagen erfahren. Und ich kenne den analen Orgasmus, der sich wieder anders anfühlt. Vor vielen Jahren hat mich mal ein Höhepunkt allein vom Geküsstwerden am Ohr überrascht und als ich mal in einem sehr langweiligen Vortrag saß, habe ich ausprobiert, ob ich nur durch Visualisieren innerer Bilder kommen kann. Ich konnte. Den A-Punkt kannte ich bisher nicht, und ich bin sehr gespannt, welche Gefühle der auslöst. Eine neue Körperregion entdecken, das ist aufregend. Mein Körper hat sich nach den Schwangerschaften langsam wieder normalisiert, und ich möchte ihm gerne etwas Gutes tun. Immerhin hat er in den letzten vier Jahren Höchstleistungen vollbracht.

»Wenn es um das Körpergefühl beim Sex geht, kommt es weniger darauf an, ob ich ein Model oder ein ganz normaler Mensch mit Ecken oder Rundungen bin, sondern auf Wertschätzung und das innere *Ja* zu mir, meinem Partner und zum Ausprobieren. Es geht darum, mit Neugier unbekannte Pfade zu erkunden«, hat mir Filomena im Vorgespräch gesagt. »Es ist ein Problem vieler Frauen, dass sie ihren Körper nur schwer annehmen können. Eine wichtige Voraussetzung, sich beim Sex fallen lassen zu können, ist, den eigenen Körper zu lieben, so wie er ist, vor allem wenn er sich verändert, zum Beispiel durch Schwangerschaften oder in den Wechseljahren. Die Körperfülle verändert sich, die Haut verändert sich, Altern ist ein Riesenthema. Viele Frauen kommen zu mir und hadern mit ihrem Körper, sich können sich selbst nicht akzeptieren und sind deshalb sehr gehemmt beim Sex, trauen sich nicht, sich zu zeigen. Das geht manchmal so weit, dass sie Sex nur im Dunkeln mögen oder auf bestimmte Stellungen, zum Beispiel die Reiterstellung, verzichten. Hier würde helfen, den Sex spielerischer zu sehen, den Fokus mehr aufs Ausprobieren zu legen.«

Frau könnte sich einmal fragen: Wofür brauche ich meinen Körper eigentlich? Zum Arbeiten, zum Kinderkriegen, um den Haushalt zu machen? Wie wäre es damit: um Freude zu erleben, um Spaß zu haben!

Männer stören Falten und Ähnliches, worüber Frauen sich Gedanken machen, übrigens überhaupt nicht. Frauen müssen selbst ihren Frieden mit ihrem Körper machen und dürfen nicht darauf warten, dass der Mann es tut. Ein Mann kann einer Frau jeden Tag sagen, wie schön sie ist, wenn sie es innerlich nicht spüren kann, wird es nicht ankommen und dann ist der Mann sehr frustriert.

Ich habe mich schon ein wenig schlaugemacht zum Thema »sexuelles Profil«, und gelesen, dass die körperlichen Attribute genauso zum »sexuellen Fingerabdruck« eines Menschen gehören wie die geistigen. Zum einen die, die man rein anatomisch mitbringt – großer Penis, kleiner Penis, feste Brüste weiche Brüste – aber auch jene, die die Sexualität in bestimmten Lebensphasen beeinflussen, wie eben Schwangerschaften, Wechseljahre, berufliche Stressphasen usw. Mein Nach-Schwangerschafts-Still-Blues ist nun Gott sei Dank vorbei, doch ich kann mich noch gut an die ersten Monate des Jahres erinnern. Ich weiß, es gibt Frauen, die erleben beim Stillen einen Orgasmus. Wie die das machen, ist mir ein Rätsel. Ich habe mich während des Stillens genau beobachtet, weil ich neugierig darauf war, ob das bei mir auch geht. Ging aber nicht. Erst im letzten Monat, als ich abgestillt habe, habe ich überhaupt so etwas wie ein Lustgefühl beim Stillen erlebt. Doch zu diesem Zeitpunkt hatte ich insgesamt wieder mehr Lust. Das milchbildende Hormon Prolactin ist ein richtiger Lustkiller. Wahrscheinlich ein natürlicher Mechanismus, der verhindert, dass man sofort ein weiteres Baby bekommt. Ausnahmen bestätigen natürlich die Regel. Ich habe übrigens die Geburten meiner Kinder ebenfalls nicht als Orgasmen erlebt, obwohl ich auch darauf sehr neugierig gewesen wäre, nachdem ich verschiedentlich darüber gelesen und Videos geschaut habe. Kein Scherz, es gibt Geburtserlebnisse, die sich laut Aussagen der gebärenden Frauen wie riesengroße Orgasmen angefühlt haben. Diese Erfahrung kann ich nicht teilen. Dafür habe ich mein Sexleben nach den Geburten wieder ziemlich schnell in Gang bekommen.

Also, ich bin auf dem Weg nach Stuttgart. Ich schaue aus dem Fenster, lasse die Gedanken schweifen und stimme mich langsam darauf ein, was mich gleich erwartet. Nachdem ich bei Filomena angekommen bin, setzen wir uns wie bei den vergangenen Besuchen in den gemütlichen Raum mit dem riesengroßen Futon in der Mitte zum Vorgespräch. Mittlerweile fühle ich mich richtig heimisch hier. Ich komme langsam runter und entspanne mich. Ob es nicht irgendetwas zu beachten gibt, ob sie noch irgendetwas wissen muss. Nein, nicht, dass ich wüsste. Sie kennt mich inzwischen ja auch ein wenig. Danach gehe ich duschen. Ausgiebig. Ich lasse mir das warme Wasser über den Kopf rieseln und habe das Gefühl, sämtlicher Alltagsstress perlt von mir ab und verschwindet im Ausguss.

Vor meinem geistigen Auge taucht die Erinnerung an die einstündige Dusch-Session auf, die ich einmal in einem Hotel zelebriert habe. Als gewohnheitsmäßige Schnell-Duscherin wollte ich ausprobieren, wie es sich anfühlt, richtig lange zu duschen und mich selbst so lange zu verwöhnen, bis eine ganze Flasche Duschgel verbraucht ist. Komplett leer bekommen habe ich sie damals nicht, dennoch hat das Ganze über eine Stunde gedauert und war ein sehr erhellendes Erlebnis für mich und meine Selbstliebe. Wann nimmt man sich ansonsten Zeit dafür, sich am ganzen Körper zu berühren, vom Scheitel bis zu den Zehen? Heute mache ich das aber nicht, ich habe schließlich noch etwas anderes vor. Nachdem ich mich abgetrocknet habe, wickle ich mir wieder eines der großen Tücher um den Körper und betrete den großen Raum. Leise Musik empfängt mich. Ich bin bereit. Filomena lädt mich ein, mich auf das gemütliche Futon zu legen, was ich gerne tue. Meine Schultern, mein Po und meine Fersen sinken in das weiche Material ein und ich spüre, wie ich eins mit dem Untergrund werden. Tief ein- und ausatmen, haaaaaaaaahhhh. Ich bin stolz auf mich. Was habe ich schon alles erreicht und umgesetzt in diesem Jahr! Mich richtig verwöhnen zu lassen, habe ich verdient. Das Gefühl, endlich wieder bei mir selbst angekommen zu sein, macht sich bei mir breit. Frank taucht in meinen Gedanken auf und ich freue mich schon darauf, ihn wiederzusehen und zu umarmen. Was habe ich für einen tollen Mann!

Filomena beginnt mit der Massage und ich schwebe. Sie hat eine Art, mich anzufassen, so als hätte sie noch nie etwas anderes gemacht und würde mich genau kennen. Ich versinke im ruhigen, aber wachen Alpha-Zustand und entspanne mit jedem Atemzug mehr. Die streichenden Bewegungen mit warmem Öl lassen mich ins Nirwana schweben. Nach gefühlt einer Stunde schwebe ich in die Realität zurück. Ich muss aufs Klo. Das ist immer so bei mir. Massagen scheinen die Niere anzuregen oder ich weiß nicht, was das ist. Die Unterbrechung schadet meinem Entspannungsfluss aber nicht. Schnell schwebe ich danach ins Nirwana zurück. Etwas später lädt Filomena mich ein, mich auf den Bauch zu legen und sie massiert meinen Rücken, meine Beinrückseiten und und meine Arme, die ich über meinen Kopf lege. Etwa eine halbe Stunde später lege ich mich wieder auf den Rücken, weil meine Hände einschlafen. Nicht schlimm, aber ich mag die Stellung wechseln. Filomena fragt mich, ob sie mich intim massieren darf. Ja, bitte, klar darf sie. Jetzt bin ich hellwach. Ich höre wie sie Handschuhe überzieht und lasse mich auf die Berührung ein. Schon nach ungefähr einer Minute bin ich auf der Erregungsskala von eins bis zehn auf acht. Ich scheine echt zur schnellen Sorte zu gehören. Filomena stoppt die Bewegungen ihrer Hand für einen Moment, ich konzentriere mich auf meinen Atem. Einatmen, ausatmen. Wie eine Welle, die über mich hinwegspült. Langsam bin ich wieder bei vier. Okay, Filomena macht weiter. Sie sagt mir genau, wo sie gerade »ist«. Und ich spüre genau hin und erlebe ganz unterschiedliche Empfindungen, je nachdem, welche Stelle sie wie berührt. Die Stimulierung des G-Punkts fühlt sich anders an als die des A-Punkts und beides anders als bei der Klitoris. So wie es ein Unterschied ist, ob meine Nase oder meine Ohren berührt werden. Dieser A-Punkt ist etwas ganz Besonderes. Er liegt hinten, an der Öffnung des Muttermunds. Dort sanft berührt zu werden, fühlt sich gigantisch an. Ein wenig wie … nach Hause zu kommen.

Ich glaube, so ein Gefühl hatte ich noch nie, es ist fast, als hätte ich einen neuen Körperteil entdeckt.

An dieser Stelle sind sehr tiefe Empfindungen möglich, die ich nicht in ihrer Gänze erleben kann, weil meine Hände immer noch ein wenig kribbeln. Filomena leitet mich an, tief einzuatmen. Das Kribbeln könne damit zusammenhängen, dass ich zu stark ausatme. Ich atme tief ein und konzentriere mich wieder auf die Empfindungen in meinem Inneren. Atmen. Fühlen. Sein. Woooooowwww. Ich bin ziemlich schnell wieder bei acht. Und – oh nein – ich spüre, dass ich erneut aufs Klo muss. Mist.

»Wie geht es dir?«, Filomena scheint zu merken, dass mich etwas beschäftigt.

»Meine Hände kribbeln noch ein wenig und ich muss schon wieder. Ansonsten super. Acht.« Diese Geschwindigkeit auf der Skala hat sie wahrscheinlich auch noch nicht erlebt. Jetzt zu unterbrechen wäre blöd, also bringen wir es einfach zu Ende.

»Okay, dann lass deiner Lust freien Lauf.« Das lasse ich mir nicht zweimal sagen. Ich vergesse meine Hände und meine Blase und konzentriere mich nur noch auf die Lust, die schnell zu neun Komma fünf wird. Der Orgasmus ist gigantisch. Keine Ahnung, wo sie draufdrückt oder was sie macht, ich lasse mich fallen und es fühlt sich einfach nur genial an. Ich glaube so einen langen Orgasmus hatte ich noch nie. Und mir ist klar: Da gibt es noch *viel* mehr zu entdecken. Ich atme tief ein und aus und fange an zu lachen.

»Woooow, was war denn das jetzt?«, ist das Einzige, was mir dazu einfällt.

Die Blase zu entleeren, ist eine weitere Entspannung, meine Hände werden wieder durchblutet und ich fühle mich rundum happy, als wir nach dem Duschen zusammensitzen.

So etwas muss jede Frau erleben, denke ich mir. Es gibt so viele, die überhaupt noch nie einen Orgasmus erlebt haben, geschweige denn eine Unterscheidung der verschiedenen Punkte und die Empfindungen, die ihre Stimulation auslösen. Nach diesem Tag ist mir sehr viel klarer, wer ich als

Frau bin und was ich brauche. Und dass Sexualität – egal in welcher Form und mit wem – wichtig ist. Wenn man da den richtigen Dienstleister findet, perfekt. Ich lasse mir ja auch die Schultern massieren, wenn sie verspannt sind.

Warum nur ist unsere Gesellschaft immer noch so moralisch? Warum kann man nicht einfach zur Tantra-Massage gehen und sich einen Orgasmus besorgen, so wie man sich bei der Kosmetikerin eine Gesichtsmaske machen lässt? Der Effekt auf die Ausstrahlung dürfte ungefähr der gleiche sein.

Paare, die so etwas noch nie ausprobiert haben, könnten es vielleicht einfach mal drauf ankommen lassen – nach vorheriger Absprache untereinander und mit dem massierenden Profi. Es funktioniert vermutlich am Anfang besser, wenn der Masseur eine Frau ist. Es gibt in allen größeren Städten Tantra-Institute, die verschiedenste Massagen für Frauen, Männer und Paare anbieten. Das Thema Eifersucht steht natürlich im Raum, es ist bei einem professionellen Dienstleister aber höchstwahrscheinlich viel weniger ausgeprägt, als wenn man so eine Massage-Session privat mit Freunden organisieren würde ... Auch für Yoni-(Vagina)-Massage sowie die Erlebensfreuden der G-, A- und sonstigen Punkte gibt es tolle Bücher für diejenigen, die sich zunächst allein ausprobieren möchten.

Fazit Woche 10: Wenn mich jemand fragen würde, wann ich den besten Orgasmus meines Lebens hatte, würde ich ohne lange nachzudenken sagen: vor zwei Wochen! Und ich habe das Gefühl, das war erst der Anfang ...

Woche 11: Wir machen uns ein Sex-Profil

Um das Sexleben zu verbessern, muss ein Paar wissen, was der andere will. Wenn Paare zusammen etwas kochen, erkundigen sie sich ja auch, ob der andere lieber Italienisch, Thailändisch oder Schweinebraten mag. Sich mit dem eigenen sexuellen Profil und dem des anderen zu beschäftigen, bringt viel Klarheit und öffnet die Türen für neue Erfahrungen.

Ich sitze in Grünwald im Café. Es ist ziemlich herbstlich draußen und ich schaue auf die Straße, durch die der Wind fegt. Vor mir auf dem Tisch sind mein Laptop und eine Weißweinschorle mit viel Eis. In meiner Tasche einige Bücher, die ich mir zu Recherchezwecken bestellt habe. Ich atme tief durch. Endlich mal Ruhe, Kinder gut untergebracht, ich habe jetzt zwei Stunden – und die werde ich nutzen!

Heute geht es mir um das sexuelle Profil. Ich habe diesen Begriff häufiger im Kontext von Paartherapie gehört und möchte wissen, was das genau ist. Musste dabei gleich an Facebook denken. Ein sexuelles Profil ist tatsächlich so ähnlich wie ein Facebook-Profil. Nur eben auf den Sex bezogen. Und viel detaillierter. Das sexuelle Profil ist die Übersicht über alles, was einen Menschen sexuell ausmacht. Also die

Erfahrungen, die Vorlieben, Fähigkeiten, innere Einstellung, die körperlichen Attribute, die Fantasien usw. So ein Profil zu erstellen und es mit dem meines Partner zu vergleichen, fand ich schon lange spannend, und es sollte von Anfang an eine Aufgabe in einer unserer 12 Wochen werden. Jetzt sind wir fast am Ende und es wird Zeit. Es ist immer so schwierig, über Sex mit dem Partner zu sprechen, und mit diesem Profil habe ich einen Aufhänger. Ich muss an die verschiedenen Partnerbörsen im Internet denken, bei denen ich zu meiner Single-Zeit gelegentlich Mitglied war. Dort erstellt man sich ebenfalls ein Profil, allerdings der Sex wird da höchstens angerissen. Man muss gefühlt eine Million Fragen beantworten, um ein Partnertauglichkeitsprofil zu erstellen, das dann mit potenziellen Partner gematcht wird. Meistens liegt dem ein Persönlichkeitstest zugrunde. Und – hoppala – jetzt fällt mir ein, solche Profile gibt es doch auch für Sex. Und zwar auf Sex-Portalen. Als langjähriges Mitglied beim »Joyclub« könnte ich doch einfach dort mal schauen, was ich für ein Profil erstellt habe. Ich habe ewig nicht mehr hineingeschaut und weiß gar nicht, was drinsteht. Nachdem ich mich ins WLAN eingeloggt habe, muss ich prompt feststellen, dass ich mein Joyclub-Passwort vergessen habe. Hm, darüber muss ich kurz nachdenken. Frank könnte auch ein Profil dort machen, und die vergleichen wir dann. Es gibt ja mittlerweile jede Menge »Casual Dating«-Portale, oder umgangssprachlich »Seitensprungportale«, bei denen ebenfalls ein sexuelles Profil erstellt wird. Auch so etwas könnten wir ausprobieren. Da hätten wir eine Vorlage.

Ich muss kurz innehalten. Interessant oder? In Erotik-Portalen legt man seine gesamte Sexualität fremden Menschen offen, mit dem eigenen Partner macht das aber kaum jemand. Warum eigentlich nicht, wäre doch echt interessant. So ein Profil ist natürlich eine Momentaufnahme. Sexualität verändert sich im Lauf des Lebens, und es geht darum, wo man jetzt gerade steht. Man kann sich zum Beispiel fragen:

»Was habe ich in meinem sexuellen Leben schon erlebt, was will ich noch erleben? Was davon will ich unbedingt noch erleben?« Ich packe meine Bücher aus und blättere darin. Zu einem sexuellen Profil gehören die Erfahrungen der Vergangenheit, die positiven wie die negativen, genauso wie die unausgelebten Wünsche und Sehnsüchte. Und natürlich alles, was man nur im Kopfkino erleben will. Sexuelle Profile sind so individuell wie die Menschen dahinter. Eine wirklich gute Frage finde ich in dem Buch »Think Love« von Ulrich Clement: »Hatte ich schon den besten Sex meines Lebens oder kommt der noch?« Wow, die muss man erst mal sacken lassen.

Ganze 423 Fragen finde ich in dem Buch »Sex-Pass« von Dagmar Cassiers. Hier habe ich eine direkte Vorlage, um ein sexuelles Profil zu erstellen. Ich blättere im Buch und stolpere über die Frage: »Sex in Stiefeln« mit den fünf Antwortmöglichkeiten »ist mir sehr wichtig«, »mag ich«, »ist mir egal, »mag ich nicht« und »geht gar nicht«. Danach die Frage »Sex in Socken«. Na, das kann ja heiter werden.

Jetzt fällt mir mein Passwort wieder ein und ich starte erst mal im Joyclub. Ich bin selbst neugierig, was ich da angekreuzt finde. Und stelle fest, dass es viele neue Funktionen gibt, die ich noch gar nicht kenne. Ich beginne mit den Vorlieben: Knapp sechzig Stichworte von »Augen verbinden« über »Gruppensex« bis »zuschauen lassen« können mit »unbedingt« »steh ich drauf«, »mag ich nicht so«, »geht gar nicht« oder »will ich gerne ausprobieren« bewertet werden. Hier geht es natürlich nicht um Blümchensex. Nicht nur, denn der ist lediglich eine Spielart von vielen. Man kann in sein Profil auch eintragen, was oder wen man sucht: Sex, Partys, Flirten, Freizeitgestaltung, Beziehung, Männer, Frauen, Paare usw. Was ich hier sehe, habe ich vor ein paar Jahren eingetragen, und stelle fest, dass sich einiges geändert hat. Vieles hatte ich noch gar nicht bewertet und muss überlegen, wie ich es jetzt einschätze. Squirting? Erotische Fotos? Hm, gar nicht so einfach. Manches kenne ich schon, manches mag ich, bei anderen Dingen weiß ich, dass ich sie sicher nicht mag (Natursekt zum Beispiel, urgh), bei manchen denke ich mir, ich brauche einen Button »keine Ahnung«.

Wenn ich zurückblicke in meine Vergangenheit, stelle ich fest, dass ich ziemlich viel erlebt und ausprobiert habe. Schließlich habe ich ein Buch darüber geschrieben. Das bringt mich zurück zu der Frage, ob ich den besten Sex schon hatte oder ob der noch kommt. Ich trinke einen großen Schluck Wein. Ich glaube, ich kann sie so beantworten: beides. Einerseits hatte ich ihn schon (siehe mein Buch *gesundgevögelt*). Andererseits war das damals ein anderes Leben. Es war das Leben vor den Kindern. Ich bin jetzt Mutter und eine andere Frau und habe anderen Sex. Mich interessieren andere Dinge, ich brauche andere Dinge und mein Körper hat sich verändert. Manchmal habe ich sogar das Gefühl, ich fange mit dem Sex wieder bei null an. Also gibt es noch viel Potenzial, den besten Sex auch in diesem »zweiten« Leben zu haben. Nochmal. Ich grinse und nehme einen weiteren Schluck.

Ich schnappe mir das »Sex-Pass«-Buch und fange an, es zu lesen. Dabei wird mir klar: Die Autorin hat den Sex komplett entromantisiert. Viele Leute werden das nicht mögen. Aber ich finde es ziemlich genial. Wie unromantisch, auf einer Skala von minus zwei bis plus zwei zu bewerten, wie wichtig mir Zärtlichkeit beim Sex ist und ob ich Sex lieber in einer harmonischen Stimmung oder nach einem Streit mag. Ja, aber das sind gute Fragen. Wir erwarten ja irgendwie immer, dass der Sex einfach so passiert, wer redet schon darüber, was ihm wirklich gefällt, geschweige denn fragt seinen Partner danach? Je ähnlicher die sexuellen Profile sind, desto besser passen zwei Menschen zusammen. Kritisch wird es, wenn Paare in einem oder mehreren Bereichen komplett konträr sind. Heißt, einer bewertet eine bestimmte Sache mit »ist mir sehr wichtig« und der andere sagt dazu »geht gar nicht«. Ich stelle beim ersten Drüberlesen fest: Für mich gibt es einige wenige Dinge, die gar nicht gehen, und die sind auch nicht verhandelbar. Ich stehe beispielsweise nicht darauf, meine Ekelgrenzen zu erweitern. Ich glaube allerdings auch nicht, dass mein Partner das unbedingt möchte. Wir werden sehen. Es gibt ein paar Dinge, die ich mit »sehr wichtig« bewerte. Ich mag es beispielsweise gefesselt zu werden, das gibt mir einen besonderen Kick, ich mag Fetischpartys mit lauter Technomusik, auf denen öffentlich gevögelt wird und ich mag ab und zu in den Swingerclub gehen. Ich mags zu dritt oder mehr, wenn es die passende Situation und die passenden Menschen sind.

Die Frage, die sich Paare bei Differenzen stellen müssen, lautet: Wie wichtig ist diese Sache wirklich? Wenn einer von beiden beispielsweise Analsex liebt und dieser für den anderen aus welchem Grund auch immer ein No-Go ist, stellt sich die Frage, ob der eine verzichtet oder der andere sich dem eventuell doch öffnen kann. Es kann sein, dass derjenige, der Nein sagt, einfach nur ein bestimmtes Bild davon hat und durchs Ausprobieren feststellt, dass es doch Spaß machen kann. Es kann aber auch sein, dass anatomische oder sonstige Gründe einfach grundsätzlich dagegensprechen und auch nicht diskutierbar sind. Die Frage, wie das Paar damit umgeht, ist nicht einfach zu beantworten. Will man dem Partner zuliebe auf sexuelle Erfüllung verzichten? Wird man ihm das nicht irgendwann übelnehmen? Oder macht man sich heimlich oder offen auf die Suche nach jemand anders, mit dem man seine Leidenschaft ausleben kann? Eifersucht ist jedenfalls die schlechteste Antwort. Manchmal steckt bei einem der Partner hinter einem No-Go ein Trauma, zum Beispiel durch einen Missbrauch. Dieses Thema sollte dann unbedingt im Rahmen einer Therapie angegangen werden. Das Wichtigste: miteinander reden! Wer im Bett überhaupt nicht zusammenpasst und keine vernünftige Lösung für die Differenzen findet, wird sich über kurz oder lang wieder trennen.

Dafür ist Sexualität einfach zu wichtig als Ausdruck der eigenen Persönlichkeit.

Nichtkompatible sexuelle Profile können aber eine Weiterentwicklung bewirken. Es ist schon häufig vorgekommen, dass jemand zunächst nur seinem Partner zuliebe etwas mitgemacht und dann selbst Spaß daran gefunden hat. Im Bereich von BDSM (Bondage/Domination/Submission/Sadism/Masochism) habe ich das schon sehr oft gehört. Die meisten, die ich kenne, sind durch einen (Ex-)Partner dazu gekommen. Eine Statistik besagt, dass um die dreizehn Prozent der Bevölkerung auf diese sexuellen Praktiken stehen. (Das war vor »Shades of Grey« – kann sein, dass das jetzt anders aussieht.) Eine weitere Möglichkeit, die Paare bei unvereinbaren BDSM-Wünschen dann häufig wählen, ist der »Spielpartner«. Eine Person, mit der man ausschließlich seine sexuellen Neigungen auslebt (was BDSM'ler gerne »spielen« nennen). Wer diese Art von Sexualität einmal für sich entdeckt hat, möchte nicht mehr darauf verzichten. Was schwierig ist, wenn der Partner, mit dem man vielleicht Haus und Kinder hat, damit nichts anfangen kann. Der Spielpartner kann ganz offiziell oder heimlich die Beziehung erweitern.

Am Abend zu Hause zeige ich meinem Partner das Sex-Pass-Buch und kündige an, dass ich ein sexuelles Profil erstellen und mit seinem vergleichen möchte. Seine Begeisterung hält sich in Grenzen. Aber er verspricht mitzumachen, und wir überlegen gemeinsam, wann wir das in dieser Woche machen wollen. Ich fülle das Profil am nächsten Tag im Zug aus, auf dem Weg zu einem Vortrag. Frank macht es im Café. Wir nehmen dafür das Buch »Sex-Pass«, das ist am einfachsten. Jeder von uns arbeitet alle 423 Fragen durch. Am Samstagabend dann die Gelegenheit: Beide Kinder sind früh im Bett und ich schlage vor, dass wir bei einem Glas Wein unsere Profile vergleichen. Gesagt, getan, wir holen uns eine Flasche Rotwein und zwei Gläser und setzen uns zusammen.

Wir beginnen mit den ersten Fragen, die sich mit dem Thema Zärtlichkeit und Erotik beschäftigen. Ich fange an, er hört erst mal zu. Und ich merke, dass meine Stimme ein wenig zittert. Ein bisschen aufgeregt bin ich jetzt doch ...

Ich erläutere, wo meine Kreuzchen sind und warum. Ich habe zum Beispiel angekreuzt, dass körperliche Zärtlichkeit bei mir oft zu erotischen Gefühlen führt (das hätte man auch mit »eher nicht« ankreuzen können), dass es mir egal ist, ob vor dem Sex eine erotische Stimmung herrscht (ich kann auch ohne Erotik Sex haben), und dass ich Sex nach einem Streit eher nicht mag (es soll ja Leute geben, für die Versöhnungssex der geilste ist ...). Das auszufüllen, ist mir nicht besonders schwergefallen, und darüber zu reden auch nicht. Es ist wirklich interessant, dadurch, dass ich es mehr oder weniger ablese, fällt es mir sehr viel leichter, als »einfach so« über meine Sexualität zu sprechen. Ich stelle schnell fest, Frank ist, was das alles betrifft, sehr unkompliziert. Er spricht offen und unbefangen über seine Vorlieben, so wie er über seine Vorlieben bei Harleys erzählt. Das macht es auch für mich leichter. Ich hatte zuvor einige Bedenken, wie so ein Gespräch verlaufen könnte, denn die Fragen gehen teilweise ziemlich ins Eingemachte. Und wir haben tatsächlich – trotz allem, was wir bereits ausprobiert haben – bisher selten wirklich über unsere sexuellen Wünsche gesprochen.

Der Moment der Wahrheit, und er ist längst nicht so aufregend wie erwartet.

Zunächst stellen wir fest, dass wir in sehr vielen Dingen übereinstimmen. Er mag auch keinen Sex nach dem Streit. Wobei wir nicht viel streiten. Es gibt keine einzige »Red Flag«, also ein Thema, bei dem wir komplett konträr liegen. Ich frage mich, ist es gut oder schlecht, dass wir uns beide hauptsächlich im Mittelfeld bewege? Nur wenige Kreuze habe ich auf »ist mir sehr wichtig« und »geht gar nicht« gesetzt. Bei Frank ist es ähnlich. Ich denke mir, entweder wir sind langweilig oder offen für vieles. Nein, langweilig sind wir nicht, also lieber Letzteres. Als es um die Häufigkeit geht, mit der wir uns Sex wünschen, bin ich erstaunt. Er wünscht sich öfter Sex als ich. Viel öfter. Das hätte ich irgendwie nicht gedacht. Meine Phase der Unlust habe ich überwunden und merke, dass ich wieder öfter mag. Ich hätte gedacht, dass ich die treibende Kraft wäre. Von ihm kriege ich es nicht so mit, dass er viel Sex mag, er ist einfach nicht so offensiv, was das betrifft. Was offenbar nicht heißt, dass er nicht will. Ich komme wieder zu der Erkenntnis: Gut, dass wir drüber gesprochen haben!

»Den besten Sex deines Lebens, hattest du den schon oder wirst du den noch haben?« Das muss ich ihn fragen und ich bin sehr neugierig auf seine Antwort.

»Hm, gute Frage«, murmelt er. »Nicht so einfach zu beantworten, aber ich denke, ich werde ihn noch haben. Prost.«

Wir stoßen an und trinken einen Schluck Rotwein. Dann meldet sich unsere Kleine über das Babyphon, ich seufze und gehe ins Kinderzimmer. Egal, wir werden gleich weitermachen. Ich bin gerade erst warmgelaufen und neugierig, was noch alles zutage kommt. Nach der Unterbrechung geht es weiter. Fragen zum beliebtesten Zeitpunkt (morgens, mittags, abends, mitten in der Nacht (!)) oder zu der Frage, ob nackt oder bekleidet (mit Dessous, Klamotten, Socken, High Heels, Stiefeln, ...), aber auch Fragen zu Treue und Eifersucht. Wir sind tatsächlich beide offen dafür, dass der jeweils andere sexuelle Erlebnisse außerhalb der Beziehung hat, und sind uns genau so einig, dass wir das kurz besprechen sollten, wenn es akut wird. Dann bekomme ich einen mittelstarken Schweißausbruch: Es geht um das Thema BDSM. Hier sind einige Punkte, die ich mit »sehr wichtig« angekreuzt habe: die devote Rolle einnehmen, Augen verbunden bekommen, gefesselt werden, Sinnesentzug erleben und ein paar mehr. Extreme Praktiken, Schläge, elektrischen Strom mag ich nicht. Die aktive Rolle wäre für mich okay, macht mich aber nicht an, also habe ich »egal« angekreuzt. Frank meint, er habe keine Erfahrung mit diesen Dingen und könne deshalb nicht viel dazu sagen. Aber er würde es gerne ausprobieren. Ich trinke meinen Rotwein aus. Dann sollten wir das tun! Wir beschließen, dass wir uns an die offenen Punkte Stück für Stück herantasten, und das geht am besten, indem wir weiter konsequent regelmäßig Sex haben. Auch nach unserem 12-Wochen-Programm. Wir beschließen unsere »Termine« zukünftig in unsere Kalender einzutragen. Bisher habe ich das für meine eigenen Termine getan, die beruflichen und seit Kurzem die privaten, jetzt machen wir es auch für unsere gemeinsamen. Wir wissen beide, wenn wir wieder öfter Sex haben, wird er automatisch besser. Das haben wir in den letzten Monaten schon erlebt. Und wir werden das eine Thema angehen, das ich für »sehr wichtig« befunden habe: die besonderen Spiele mit Augen verbinden, Bondage, SM. Jetzt haben wir es beide schwarz auf weiß: Da gibt es Handlungsbedarf … und wir beschließen, dass SM Thema unserer 12. Woche wird.

Der Austausch über die Sexprofile ist womöglich entscheidend für die weitere Beziehung. Vor allem für Paare, die sich schwertun, über ihre sexuellen Wünsche zu reden, ist das Ausfüllen eines Sexprofils – egal auf welche Weise oder nach welcher Vorlage man das macht – eine sehr gute Sache.

Wichtig sind dabei meiner Ansicht nach vor allem die folgenden Themenbereiche, die angesprochen werden sollten:

- Wie oft möchte man Sex? Am liebsten morgens, mittags, abends oder reicht einmal in der Woche? Einmal im Monat? Die Quantität hat natürlich auch mit der Qualität zu tun, sprich, wenn der Sex »besser« ist, will man ihn öfter. Dennoch gibt es in diesem Bereich eine gewisse Grundausprägung, die jeder mitbringt. Wenn diese nicht mit der des Partners übereinstimmt, kann das zu ständigem Beziehungsstress führen.

- Mag man es eher aktiv oder passiv, welche Rolle macht mehr an? Wen es erregt, beim Sex die Zügel loszulassen, der kann sicher auch Gefallen an aktiven Rollen finden, wird aber wahrscheinlich darin nicht die gleiche Befriedigung erleben. Umgekehrt genauso.
- Hat man Fetische? Bestimmte Kleidungsstücke oder Gegenstände, die sexuelle Gefühle auslösen? Oder außergewöhnliche Wünsche außerhalb des »normalen« Geschlechtsverkehrs? Diese bleiben in der Regel erhalten, auch wenn sich sonst im Leben viel ändert (zum Beispiel der Partner).
- Ist der Weg das Ziel oder ist das Ziel das Ziel? Wie viel Zeit mag man sich für eine sexuelle Begegnung nehmen, wie lange soll das Vorspiel sein und wie wichtig ist das Erreichen eines Orgasmus?
- Welche körperlichen Merkmale bringt der Einzelne mit, was die Form und Größe seiner Geschlechtsteile betrifft? Siehe Woche 6 und die verschiedenen anatomischen Typen. Damit hängt zusammen, wie schnell oder langsam man zum Orgasmus kommt und wie man am liebsten angefasst werden mag. Diese Merkmale lassen sich nicht ändern, und wenn man hier nicht zusammenpasst, sollte man zumindest kreativ werden.
- Was ist eine Sache, die unbedingt sein muss beim Sex, was ist eine Sache, die gar nicht geht?

Und nun noch einige offene Fragen, die Paare einander stellen können, um das sexuelle Profil zu entwickeln:

- Was macht meine Sexualität aus, was ist typisch für mich?
- Welche Erfahrungen habe ich bereits gesammelt?

- Welche Erfahrungen möchte ich noch machen?
- Welches sind meine Vorlieben und Wünsche?
- Wie ist mein Körper so drauf, wenn es um Sex geht, was funktioniert, was nicht?
- Was ist für mich unverzichtbar beim Sex?
- Was geht gar nicht?
- Welche Fantasien möchte ich real erleben?
- Welche Fantasien sollen in meinem Kopf bleiben? (Diese Frage nur für sich selbst beantworten natürlich.)
- Wenn alles möglich wäre, wie würde die »perfekte Nummer« für mich aussehen? Wer wäre dabei? Was würde passieren? Was würde(n) die andere(n) Person(en) tun? Was würde ich tun?

Zum Schluss ist noch zu bedenken, dass sich das sexuelle Profil im Laufe der Zeit ändern kann. Manches, was man als Zwanzigjähriger toll findet, kann zwanzig Jahre später nur noch ein müdes Lächeln hervorzaubern, mit anderen Dingen kann man in jungen Jahren vielleicht nicht viel anfangen, als reifer Mensch jedoch sehr wohl. Was sich natürlich auch ändert, ist die reine Dimension des »Könnens«. Junge Männer strotzen vor Testosteron und Kraft, spätestens ab vierzig lässt beides aber nach. Bei den Frauen scheint es umgekehrt, viele entwickeln erst ab Mitte dreißig größere Lust, wenn sie wissen, was sie wollen, und wer sie als Frau sind. Kürzlich habe ich von einer Geschäftsfrau Anfang fünfzig eine interessante These gehört: Sie meint – und das sei bei allen ihrer Freundinnen das Gleiche – dass ältere Männer sich vor allem deshalb jüngere Frauen suchen, weil sie sexuell besser zusammenpassen. Junge Frauen brauchen nicht so oft Sex – ältere Männer auch nicht. Dass Frauen über vierzig sich aus diesem Grund gerne junge Liebhaber zulegen, davon hatte ich schon gehört.

Fazit Woche 11: Für uns war es nicht besonders dramatisch, unsere gegenseitigen Sexprofile zu offenbaren, es waren keine völlig unerwarteten Dinge dabei. Doch es war definitiv das erste Mal in fünf Jahren Beziehung, dass wir wirklich offen über unsere sexuellen Wünsche gesprochen haben. Und das war gut und wichtig.

Woche 12: Heute gehen wir zur Domina

Wer neue Erfahrungen machen will, muss die eigene Komfortzone verlassen. Das gilt für Sex genauso wie für den Sport, den Beruf und die Kindererziehung.

Der Gedanke reizt mich schon länger. Ich habe mich nur noch nicht getraut, ihn umzusetzen. Doch beim Recherchieren an einem Abend im Herbst stoße ich auf eine heiße Spur. Und mir kommt eine Idee, die es in meinem Bauch kribbeln lässt. Ich habe ja, das muss ich zugeben, eine Zeitlang gedacht, dieses Thema mit Bondage und SM würde mich nicht mehr interessieren. Das war aber zu der Zeit, in der mich Sex allgemein nicht mehr interessiert hat. Jetzt habe ich wieder mehr Lust und auch wieder mehr Lust auf das Besondere. Bestimmte Dinge wird man, glaube ich, sein Leben lang nicht los und sexuelle Vorlieben gehören dazu.

Frank ist offen für alles, wir haben ja unser sexuelles Profil gecheckt, und gesagt, dass wir unsere letzte Woche diesem Thema widmen wollen, wir wissen nur nicht so recht, wie wir das angehen wollen. Seit wir zusammen sind, haben wir noch nichts Gleichwertiges ausprobiert, weder fesseln noch Augen verbinden, noch irgendetwas, das in Richtung BDSM geht. Frank ist sich, glaube ich, ein wenig unsicher, wie er das als aktiver Part am besten angeht. Also entscheide ich, wir suchen uns einen Profi, der oder die uns dabei unterstützt. Ich habe gelegentlich von Bondage-Workshops gehört, vermutlich gibt es auch das eine oder andere Angebot in München, es ist für uns momentan aber nicht realistisch, dass wir uns beide zwei ganze Tage von zu Hause ausklinken. Und noch ein Jahr warten, bis die Kinder größer sind, will ich nicht. In einem 12-Wochen-Sex-Programm darf nicht fehlen, sich auch mit den geheimen Fantasien auseinanderzusetzen. Wann, wenn nicht jetzt? Die innere Hürde ist so oder so viel größer als die äußere. Also suche ich weiter und stoße auf einen SM-Workshop speziell für Frauen in einem Münchner Domina-Studio. Das ist die Idee! Die kann uns doch helfen, die Domina. Schließlich ist sie genau auf diese Themen spezialisiert und wenn sie solche Workshops anbietet, kennt sie sich vielleicht auch mit Frauen aus und bietet ihre Dienste für weibliches Publikum an. Falls das überhaupt jemanden interessiert. Ich frage mich: Gehen Frauen überhaupt zu Dominas? Und Paare? Oder ist das eine reine Männer-Domäne? Meine Idee: Ich könnte wie bei Filomena mit der Massage bei einer Domina eine Session buchen und mein Partner schaut zu bzw. macht mit und lässt sich ein paar Dinge zeigen. Wenn die Domina so etwas anbietet. Ich bin aufgeregt. Spannender Gedanke. In so einem Dominastudio gibt es Fesselspielzeuge ohne Ende …

Ich will mehr wissen und google die Frage »Domina spezialisiert auf Frauen«. Die meisten Links führen zu ganz normalen Domina-Studios, und ob dort Frauen willkommen sind, keine Ahnung. Dann fällt mir ein männlicher Dominus mit Pferdeschwanz ins Auge, der seine Dienste für Frauen anbietet. Interessante Geschäftsidee. Er scheint aber der Einzige zu sein, also entweder gibt es diesen Markt noch gar nicht oder die Anbieter sind nicht im Internet oder Frauen haben kein Interesse an käuflichem Sex, wie ja gerne behauptet wird. Nach dem Motto: Frauen können doch an jeder Ecke umsonst Sex haben, sie brauchen dafür kein Geld auszugeben. Und eine Frau, die einen Dominus sucht, kann leicht einen finden, es gibt viele Männer, die das Spiel mit Dominanz und Kontrolle lieben. Andererseits, wenn es um Fesseln und solche Sachen geht, das mögen die meisten sicher nicht mit irgendjemandem aus der Kneipe ausprobieren. Da wäre die diskrete und sichere Atmosphäre eines Studios sicher eine gute Sache. Und wenn man sich die Verkaufszahlen von »Shades of Grey« anschaut, glaube ich schon, dass viele Frauen heimlich ein Interesse an Sadomaso und Bondage haben.

Dann stoße ich auf einen Artikel einer Berliner Tantra-Domina, die explizit über ihre Erfahrungen mit Frauen als Kundinnen schreibt. Sie schätzt, dass Frauen etwa zwanzig Prozent ihrer Kunden ausmachen. Ich sauge jedes Wort auf wie ein Schwamm. Sehr interessant. Ihre Kundinnen seien meistens gutverdienende unabhängige und selbstbewusste Frauen, die entweder mit ihrem Partner nicht ausleben können, was sie sich wünschen, oder Single sind oder einfach nur neugierig, was in ihnen steckt. So ist das bei mir ja auch. Ich merke, über dieses Thema muss ich nochmal nachdenken. Ich schiebe diesen Gedanken wieder beiseite. Ich will jetzt etwas ganz Konkretes und schaue weiter die Google-Links an. Und stoße erneut auf diesen SM-Workshop für Frauen in dem Münchner Domina-Studio. Also, hier bin ich richtig. Wenn auch nicht für den Workshop, aber für die Anbieterin. Sie nennt sich Lady Angelina. Mit ihr werde ich Kontakt aufnehmen!

Ich öffne ein leeres E-Mail-Fenster.

Und dann überlege ich, wie fange ich so eine E-Mail an? Wie schreibt man einer Domina? Sehr geehrte Lady Angelina? Oder: Hallo Angelina? Liebe Angelina? Nein. Ob sie mir überhaupt antwortet? Ich fühle mich jetzt schon eingeschüchtert. Dominas haben so etwas extrem Unnahbares an sich, finde ich. Ich schaue mir ihre Homepage an, sie sieht ziemlich streng aus. Los, komm, sie richtetet sich mit ihrem Workshop an Frauen, also freut sie sich bestimmt, wenn ich ihr schreibe. Die Vorurteile sind hartnäckig, selbst bei mir. Ich brauche ewig, diese E-Mail zu formulieren, bei jedem Satz überlege ich, ob er vielleicht zu locker geschrieben ist und nicht irgendwie devoter sein sollte. Sie hat auch eine Handynummer angegeben, doch ich würde mich nie trauen, dort einfach anzurufen. Irgendwann schicke ich die E-Mail einfach ab und erfreulicherweise bekomme ich bereits einen Tag später eine Antwort und eine Einladung, sie auf einen Kaffee in ihrem Studio zu besuchen. Das lasse ich mir nicht zweimal sagen und mache gleich einen Termin aus.

Im ersten Schritt fahre ich allein zu ihr, um mir erst mal ein Bild zu machen, Frank weiß Bescheid und wünscht mir einen schönen Tag. Das Studio liegt in einem Industriegebiet im Münchner Osten, nebenan eine Mischung aus Lagerhallen, Büros und Bordellen. Von außen wirkt das Studio unspektakulär, direkt neben einer Baufirma, von innen umso eindrucksvoller. Angelina begrüßt mich mit einem freundlichen Lachen und bayerischem Akzent. Sie stammt aus Niederbayern und liebt ihrem Beruf mit großer Leidenschaft, vertraut sie mir gleich an. Früher war sie Standesbeamtin, aber das war ihr zu langweilig. Sehr sympathisch die Frau, sie ist ganz normal angezogen und wirkt gar nicht mehr einschüchternd. Ich muss über mich selbst lachen. Was habe ich denn eigentlich erwartet? Sie zeigt mir ihren ersten Raum, das rote Zimmer, in dem auch die Frauenworkshops stattfinden.

Ihre Gäste können sich den Raum aussuchen – sie hat mehrere – und auch den Ablauf dessen, was sie erwartet. Grob zumindest. Ob sie lieber geschlagen, gefesselt oder eingesperrt werden wollen, ob sie sich in Frauenkleider, Gummi- oder Latexanzüge zwängen möchten, ob sie Klinik-sex oder Strenge-Lehrerin-ungezogener-Schüler-Rollenspiele lieben, es gibt sehr viele Varianten dieser Spiele. Angelinas

Professionalität zeigt sich, indem sie ihre Kunden trotzdem überrascht, an ihre Grenzen und darüber hinaus begleitet. Ich bin sehr fasziniert und versuche mir vorzustellen, selbst eine Session zu machen. Das Studio ist toll, die Einrichtung hochwertig, die Räume fantasievoll eingerichtet. Für mein Empfinden wirkt alles einen Tick zu männlich, für Männer designt eben. Besonders die Accessoires finde ich als Frau irgendwie grob und schwer, die Latexanzüge riesig, die Handschellen dick, die Eisenketten massiv. Nicht dass ich auf rosa Handschellen stehen würde, aber ich glaube, Frauen würde in dieser Beziehung anderes anmachen. Deshalb wollen die auch meistens in das rote Zimmer, das ist am gemütlichsten. Egal, ich werde mich darauf einlassen. Im Personalraum trinken wir einen Cappuccino, während sich eine ihrer Damen gerade umzieht und auf ihren ersten Kunden vorbereitet. Wir reden noch eine Weile über alles Mögliche und ich fühle mich sehr wohl. Ich habe ja vor Kurzem ein Online-Programm für Frauen entwickelt, die sich mehr sexy fühlen wollen, und überlege, ob ich die Teilnehmerinnen nicht auch mal zu Angelina zu einem Workshop schicke. Wir verabreden im ersten Schritt einen Termin eine Woche später, zu dem ich dann mit meinem Partner kommen werde.

Ich fahre mit gemischten Gefühlen nach Hause. Angelina ist sehr sympathisch und ich bin unglaublich neugierig auf diese Session, wie das wohl wird, und vor allem wie Frank darauf reagieren wird. Dass er mitkommt, finde ich einerseits gut und andererseits habe ich Bedenken. SM ist nochmal etwas anderes als eine Tantra-Massage. Ich überlege, was mir konkret die Bauchschmerzen bereitet. Ich habe schon so viele Sessions dieser Art mit allen möglichen Männern durchgeführt, habe mich fesseln, knebeln, manchmal sogar ein wenig peitschen lassen, in Clubs, zu Hause, einmal in einem privaten Spielkeller und einmal in einem SM-Apartment, das wir extra für diesen Zweck gemietet hatten. Wieso fällt es mir mit meinem Partner so schwer? Ich glaube, mir ist das ihm gegenüber irgendwie peinlich. Mich völlig hemmungslos jemandem gegenüber zu zeigen, mit dem ich meinen Alltag teile, inklusive Baby füttern, Windeln wechseln und Gute-Nacht-Geschichte vorlesen, fällt mir schon beim Gedanken daran schwer. Ich habe Angst, dass er irgendwie von dem abgestoßen ist, was er an mir kennenlernt. Sonst bin ich immer ziemlich taff, weiß genau, was ich will, mache klare Ansagen. Im Alltag bin ich eher der dominante Part. Hmm. Er hatte zu Bondage und SM bisher keinen Bezug, und es kann sein, dass es ihm gefällt, kann aber genauso gut sein, dass ihm das gar nicht gefällt. Ich denke immer, wenn es ihn anmachen würde, hätte er es doch sicher von selbst ausprobieren wollen. Oder nicht? Ich merke, diese Hirnwichserei bringt mich nicht weiter. Er hat ja gesagt, dass er neugierig darauf ist und es ausprobieren will. Also hör auf, dir den Kopf zu zerbrechen, Susanne! Wir befinden uns wahrscheinlich in dem Zustand, der im Buch »Guter Sex trotz Liebe« für viele Paaren beschrieben ist. Man hat sich auf dem kleinsten gemeinsamen sexuellen Nenner gefunden und echte Bewegung kommt erst ins Sexleben, wenn sich einer traut, dem anderen auch den Rest seiner sexuellen Persönlichkeit zu zeigen. Mit einem gewissen Risiko natürlich. Aber ebenso mit der Chance, dass sich neue Türen im Schlafzimmer öffnen, weil der andere genau darauf neugierig wird. Genau! Ich merke, dieser Termin ist meine größte Herausforderung in der 12-Wochen-Challenge. Hier verlasse ich wirklich meine Komfort-Zone. Es ist ein bisschen wie einmal vor vielen Jahren, als ich zum ersten Mal sexuelles Neuland und die SM- und Fetischwelt betreten habe. Gleichzeitig gehe ich gefühlt ein viel größeres Risiko ein, weil es jetzt um meinen festen Partner geht, mit dem ich Wohnung und Firma teile und der der Vater meiner Kinder ist.

Ich muss es ausprobieren, sonst kann ich es nicht wissen. Wenn ich es nicht in die Hand nehme, wird es nicht passieren und ich werde immer frustrierter oder suche mir irgendwann jemand anders, ohne es je mit meinem Partner ausprobiert zu haben. Das wäre ihm gegenüber auch unfair. Also los, Hirn ausschalten, mich mit etwas anderem beschäftigen und auf den Termin freuen!

Einige Tage später, es ist Montagmorgen. Halloween. Nachdem wir die Kinder in ihren Gespensterkostümen und samt Kürbis in den Kindergarten gebracht haben, fahren wir los. Ich finde es manchmal nicht so einfach, von einem auf den anderen Moment abzuschalten. Unser Termin mit Angelina ist um zehn Uhr. Wie immer vor diesen Terminen reden wir kaum. Und diesmal ärgere ich mich ein wenig. Ich würde gerne reden. Einfach so. Frauen entspannt es, zu reden, habe ich mal in einer Studie gelesen. Und ich bin angespannt. Ich habe wirklich keine Ahnung, was uns erwartet. Wir sind eine Viertelstunde zu früh da und sitzen noch ein wenig im Auto. Frank nimmt sich ein feuchtes Tuch und wischt einige Milchflecken von den Armaturen.

»Was genau nochmal wollen wir hier jetzt mit diesem Termin?«, fragt er mich.

»Hmmmm, das ist eine gute Frage ...«, setze ich an. Doch er ist ganz woanders.

»Wir müssen irgendwann die hinteren Sitze richtig saubermachen, die sind voller Milchflecken. Ich glaube, die Trinksauger von den Milchfläschchen sind nicht dicht.« Er wischt weiter im Auto herum. Vielleicht ist das seine Art, mit Nervosität umzugehen? Mich macht es wahnsinnig.

»So, jetzt hör mal bitte auf damit! Wir sind hier, weil ich herausfinden will, ob wir mit einer Sache, die mir sexuell sehr wichtig ist, zusammenkommen können oder nicht. Du weißt ja, dass ich bestimmte Bondage- und SM-Sachen sehr mag, aber wir beide haben noch nie etwas in der Richtung ausprobiert. Ich will einfach wissen, ob wir da einen gemeinsamen Weg finden oder ob ich es für mich allein mache. Wir haben schon so viel gemacht und ausprobiert, und alles war gut, doch diesen einen Punkt haben wir bisher ausgelassen. Das ist mir sehr wichtig, der gehört auch dazu.« Ich glaube, diese Ansage war klar. Er hört auf, sauber zu machen.

»Hm, ja das ist gut. Ganz ehrlich: Ich weiß nicht, ob mir so etwas gefällt, woher auch. Es ist gut, wenn wir uns das mal näher anschauen.«

Ein Auto parkt neben unserem und die Fahrerin winkt uns freundlich zu. Angelina ist da und bittet uns gleich nach oben ins Studio. Also, jetzt gehts los. Wir setzen uns erst mal in den Personalraum und reden. Angelina fragt uns, was unser Anliegen ist, und ich beginne zu erzählen, was mir auf dem Herzen liegt. Meine Wünsche sind gar nicht so ungewöhnlich, erfahren wir gleich, und unsere Situation auch nicht. Häufig sind es natürlich die Männer, die mit einem devoten Wunsch kommen, und ihre Frauen mitbringen. Es gibt aber auch Frauen, die dieses Studio allein aufsuchen, Tendenz steigend. Angelina fragt mich konkret, was ich mir wünsche, und dann fragt sie genau so konkret, warum ich das meinem Partner nicht einfach sage. Ja, warum eigentlich nicht? Ich finde es nicht so einfach, ehrlich gesagt. Auch das ist weit verbreitet. Über sexuelle Wünsche zu reden, fällt nach wie vor vielen Menschen schwer. Es ist kein Klischee, dass gerade die »Macher«, die im Leben viel anpacken, sich im sexuellen Bereich gerne fallen und führen lassen wollen. Doch das zu formulieren, weil man damit eine bestimmte Maske fallen lassen muss, sich outen muss, ist eine Herausforderung. Mein Konflikt ist, glaube ich, auch, dass ich, wenn ich klare Ansagen machen würde, wieder alles bestimmen würde. Und das will ich ja nicht.

Was ihn anmache, fragt sie meinen Partner. Und auch sehr konkret: »Wenn du dir Filme im Internet anschaust, was guckst du da?« Er druckst etwas herum, gibt dann aber zu, dass ihn selbst eher der aktive Part anmacht. Na also, das würde doch passen!

Angelinas erster Vorschlag ist, dass wir uns einfach mal Zeit nehmen, ins Bett gehen und ich ihm nach und nach verschiedene Dinge sage, die er tun soll, genau in dem Moment, und er probiert genau das aus. Spielerisch. Augen schließen, entspannen und Ansage machen. Ich mag es normalerweise nicht so gern, beim Sex zu reden, weil ich dann sofort anfange zu denken und meine Erregung verliere. Ich sehe aber ein, dass mein Partner nicht Gedanken lesen kann, und dass ich es ihm irgendwie vermitteln muss, was ich mir wünsche. Es ist sehr wichtig, dass ich das tue, betont Angelina, sonst stochert er im Dunkeln. Ich könne auch einen kleinen Brief schreiben mit meinen Fantasien und ihm zustecken, das sei etwas, das viele Paare machen, schlägt sie vor. Oder ein kleines Hörbuch aufnehmen. Egal wie, ich muss es einmal formulieren. So funktioniere das bei ihren Kunden auch, die sagen ihr erst mal, was sie sich wünschen, wie ihre Fantasien ablaufen, schreiben manchmal eine Liste oder entwickeln sie mit ihr zusammen, und sie als Domina sucht sich dann aus, was von der Liste sie tut und wann. Mit der Zeit werden die Spiele immer besser, wenn man sich besser kennenlernt. Ähnlich wie beim Kochen eigentlich. Der Kunde bringt die Zutaten mit, sagt, was er gerne isst, und sie kreiert ein leckeres Gericht daraus. Ich bin zufrieden, denn ich habe gerade etwas Wichtiges kapiert.

Der nächste Punkt ist ebenfalls von großer Bedeutung. Angelina empfiehlt uns, dass wir die Rollen mal tauschen sollen, damit jeder sowohl die aktive als auch die passive Rolle kennt. Denn erst, wenn man beides erlebt, kann man sich in den anderen hineinversetzen und weiß, welche Herausforderung jede Rolle mit sich bringt. Der Aktive hat dabei eindeutig den schwierigeren Part. Denn er muss sich ja überlegen, was als Nächstes passiert. Er trägt die Verantwortung und muss sehr aufmerksam sein. Und er muss den Erwartungsdruck des Passiven aushalten. Das sei überhaupt die größte Herausforderung, an der die meisten scheitern, wenn sie SM-Sessions ausprobieren, dass der Aktive verunsichert wird und seine Contenance verliert, weil der Passive ihn so erwartungsvoll anschaut, nach dem Motto »Und …, was kommt jetzt?!?«. Damit kann man jede Fantasie für das weitere Spiel abwürgen. Doch es gibt einen einfachen Trick: Blickkontakt verbieten. Dem Passiven befehlen, er solle auf den Boden schauen oder ihm gleich die Augen verbinden. Damit verschafft man sich als Aktiver Zeit, um in Ruhe zu überlegen, was man als Nächstes tut. Mir fällt es wie Schuppen von den Augen: Deshalb spielt das mit dem »Schau auf den Boden« so eine große Rolle im SM! So wichtig es in anderen Momenten ist, dem anderen tief in die Augen zu schauen, und die Verbindung zu intensivieren bis hin zum gefühlten gemeinsamen Verschmelzen, so hilfreich ist es jetzt, diesen Kontakt bewusst zu unterbrechen und sich auf eine andere Ebene der Verbindung zu begeben: führen und geführt werden.

»Wenn du den aktiven Part hast, hast du das Heft in der Hand«, erklärt Angelina meinem Partner. »Du bestimmst, was du mit dem anderen tust, nicht er. Natürlich immer im Rahmen der Grenzen, die ihr vorher abgesprochen habt. Du entscheidest auch, ob du überhaupt etwas tust oder ihn einfach mal warten lässt. Es kann sehr effektvoll sein, gar nichts zu machen. Und du kannst dir in Ruhe überlegen, was als Nächstes passiert, kannst einen Schluck Wein trinken oder sonst etwas tun. Wann immer du merkst, du weißt nicht weiter, mach einfach eine Pause. Lass den anderen warten und lass dich nicht verunsichern. Das Wichtigste ist, kein Blickkontakt!«

Wichtig sei für den Passiven, dass er das Spiel mitspielt und nicht zwischendurch lacht, redet oder sonst wie völlig aus der Rolle fällt. »SM ist ein Spiel, und es funktioniert umso besser, je tiefer man sich darauf einlässt.« Angelina macht es mit ihren Kunden genauso. Sie sitzen vorher zusammen und plaudern, dann geht sie aus dem Raum und wenn sie wieder hereinkommt, ist Playtime. Dann ist sie die Herrin und bestimmt und der Kunde spielt mit. Dafür bezahlt er ja schließlich. Im geschäftlichen Kontext gibt es natürlich keinen Rollentausch, im privaten aber sehr wohl. Wenn jeder weiß, wie schwierig die aktive Rolle ist, kann er sich besser hineinversetzen, spielt besser mit und kann sich besser in die passive Rolle hineinfallen lassen. Angelina erzählt, dass es ein Teil ihrer Ausbildung war, selbst auch verschiedene passive Rollen auszuprobieren. »Wenn du jemanden auspeitschen willst, ist es gut zu wissen, wie sich das anfühlt.« Durch die Schmerzen wird jede Menge körpereigene Drogen, die Endorphine, ausgeschüttet und diese verstärken den Orgasmus, teilweise um ein Vielfaches. Das muss man erlebt haben, sonst kann man es sich nur schwer vorstellen.

Wir sprechen über verschiedene Aspekte von SM und Angelina erklärt uns, dass die meisten Menschen einfach nicht wissen, worum es eigentlich geht. Es geht um Befriedigung, die viel tiefer ist als sonst, und Paare, die sich darauf einlassen, erleben eine viel tiefere Dimension in ihrer Beziehung. Natürlich gibt es auch Paare, bei denen einer – meistens die Frau – einfach kein tieferes Interesse an den Wünschen oder Fetischen des Partners entwickelt, aber dennoch mitkommt und »ihm zuliebe« das eine oder andere mitmacht. Das ist dann auch okay. Und es ist völlig in Ordnung, wenn einer – oder auch beide – ein Geheimnis hütet, das der andere einfach nicht wissen muss. Gerade extrem gewalttätige Fantasien beispielsweise sind bei einer Domina besser aufgehoben als bei der Ehefrau.

Angelina hat noch eine Frage an meinen Partner: »Wie ist das für dich, bist du insgesamt eher passiv oder weißt du einfach nur nicht, wie du die aktive Rolle gestalten kannst?« Eine gute Frage, finde ich.

Er überlegt kurz: »Na ja, es ist, glaube ich, eher Letzteres. Susanne redet immer so viel, da weiß ich gar nicht, wo ich ansetzen kann.« Wie? Ich rede viel? »Und sie hat einfach schon so viel Vorerfahrung, da ist es für mich schwierig mitzuhalten. Als Mann hat man sowieso immer das Gefühl, man muss etwas liefern, und fragt sich, ob das gut genug ist, das macht es mir sehr schwer. Ja, ich glaube, das ist es.«

Angelina nickt wissend: »Ja, genau deshalb ist das mit dem Blickkontakt so wichtig. Lass dich nicht aus dem Konzept bringen von ihr. Und ihr braucht einen Rahmen, in dem ihr ein Spiel kreiert. Dass ihr die gewöhnlichen Rollen einmal komplett verlasst. Dann kannst du dich durchsetzen, sie muss den Mund halten, und du wirst sehen, genau das ist es, was sie will.« Ich glaube, ich werde ein wenig rot in dem Moment.

»Kommt mit, ich zeige euch noch ein paar praktische Dinge.« Wir gehen in das rote Zimmer. »So könnte eine Session anfangen.« Sie blickt mich an: »Stell dich hin, Beine breit, und schau auf den Boden«, instruiert Angelina mich. Und meinem Partner sagt sie: »Jetzt lässt du sie einfach erst mal so stehen und überlegst in Ruhe, worauf du Lust hast. Du kannst sie anfassen und betrachten.« Sie geht um mich herum und streicht langsam über meine Arme, meinen Rücken. »Das ist etwas, das man im Alltag selten macht, den anderen einfach in Ruhe betrachten.« Mir wird heiß. Die weiß, wie man ein Spiel aufsetzt. Und ich merke, mein Partner wird seeeehr neugierig. Sie geht nochmal um mich herum und ich bin versucht, sie anzuschauen, kann mich aber im letzten Moment beherrschen. Genau, keinen Blickkontakt. Das habe ich gelernt. »Und wenn dir noch nichts einfällt, kannst du sie auch eine Viertelstunde so stehen lassen. Das macht gar nichts.« Stimmt. »Sie ist jetzt dein Spielobjekt und du nimmst dir, wonach dir ist. Du brauchst nicht irgendeine Liste abarbeiten, das Wichtigste ist, worauf du selbst Lust hast. Du kannst etwas von dem machen, was sie will, musst aber nicht. Das Nicht-Wissen, das Erwarten, die Fantasie in ihrem Kopf, das sind deine Verbündeten.« Sie nimmt sich ein rotes Seil vom Haken an der Wand.

»Und dann kannst du dir ein Seil nehmen und sie ans Bett fesseln.« Sie führt mich zu dem großen lederbezogenen Bett mitten im Raum und bedeutet mir, mich hinzulegen. »Fang erst mal mit den Füßen an. Langsam.« Mit einer eleganten Bewegung bindet sie meine Füße zusammen. »Jetzt betrachtest du sie wieder in Ruhe. Wenn sie so liegt, kannst du ihr auch die Augen verbinden. Denk daran, du bestimmst jetzt. Und genau das mag sie ja auch, dass sie nicht weiß, was als Nächstes passiert. Das ist das, was den Reiz eines solchen Spiels ausmacht.« Stimmt! »Kannst du dir das vorstellen?«, fragt sie meinen Partner.

»Ja, absolut.«

Ich freue mich. Dieser Termin ist ja noch viel besser als erwartet!

»Mach du mal selbst«, gibt Angelina den Ball an meinen Partner weiter. Wir führen das Fesselspielchen noch ein wenig weiter, beziehungsweise ich lasse es an mir machen, und ich merke, wie mein Partner sich immer mehr darauf einlässt. Er nimmt sich eine kleine Peitsche und streicht mir langsam über meine Beine. Er bekommt Lust darauf, und ich auch. Im Rahmen eines Rollenspiels kann ich mir das sehr gut vorstellen mit ihm. Wir schlüpfen einfach beide für eine gewisse Zeit in eine andere Rolle und werden zu anderen Personen. Dann fällt es mir auch leicht, den Mund zu halten. Das Davor und Danach, die Kinder, die Firma und unsere normalen Kommunikationsmuster, das blenden wir eine Zeitlang aus. Das kann echt funktionieren.

Die Zeit verfliegt und die zwei Stunden sind schnell vorbei. Wir haben beide verstanden, worum es geht, und wissen jetzt endlich, wie wir es anfangen können.

»Am besten macht ihr das irgendwo anders, nicht zu Hause«, gibt uns Angelina noch als Tipp mit. »Auch nicht auf einer Party, sondern irgendwo in Ruhe. Nehmt euch Zeit dafür und probiert es aus.«

Wir erfahren, dass wir auch einen Raum in ihrem Studio stundenweise mieten können. Ich überlege, bald ist doch mein Geburtstag. Vielleicht mieten wir uns dann einfach bei ihr ein für unsere erste Session. Das wäre eine Möglichkeit. Wir werden später besprechen wann und wo.

»Das war echt gut«, sagt Frank auf dem Rückweg. Ich schmunzle – und schweige.

Für Paare, die sich dem Thema BDSM nähern wollen und nicht gleich zur Domina gehen, gibt es natürlich auch Möglichkeiten. Denjenigen, die das Ganze erst mal zu Hause ausprobieren möchten, sei ein sehr gutes Buch empfohlen: »Ein bisschen härter ist viel besser«, von einem Paar geschrieben. Hier finden sich viele nützliche Tipps zum Einstieg, auch Dinge, auf die man sonst noch achten sollte wie zum Beispiel, wohin man jemanden bedenkenlos schlagen kann, so dass höchstens ein paar Striemen oder blaue Flecken bleiben und wohin man auf gar keinen Fall schlagen darf. Auch beim Fesseln sollte man darauf achten, dass immer Spielraum für eine ausreichende Blutzirkulation bleibt. Grundsätzlich empfiehlt es sich, ein Safeword auszumachen, also ein Wort, das der Passive sagt, wenn es ihm zu viel wird. Das könnten zum Beispiel die Ampelfarben sein: grün = alles okay, gelb = bitte Vorsicht, es wird eventuell kritisch, rot = stopp.

Sehr prickelnd ist natürlich bereits der gemeinsame Einkauf des Spielzeugs, warum nicht mal gemeinsam in einem Sexshop stöbern? Oder einer von beiden überrascht den anderen mit einem schönen Seidenschal, der dann nicht über dem Dekolleté, sondern über den Augen landet. In jedem Fall sollte man sich diesem Thema langsam nähern und wer beabsichtigt, stärkere Fesselungen oder Schläge einzusetzen, sollte sich genauer informieren, beispielsweise im Rahmen eines Workshops.

Fazit Woche 12: Geil! Wir haben es getan! Ich habe mich getraut! Dieser Termin war für uns sehr wichtig, vielleicht der wichtigste von allen. Die letzte Woche unseres 12-Wochen-Programms wird der Start in eine neue Dimension unseres Sexlebens. Manchmal muss man über den eigenen Schatten springen und wird reich belohnt.

»WELLNESS FÜR DEN HERRN« INTERVIEW MIT LADY ANGELINA, DOMINA

Wie bist du zu diesem Beruf gekommen? Wie wird eine ganz normale Frau zur Domina?

D: Die Neugierde hat mich getrieben – und die Langeweile in dem anderen Beruf. Ich war sexuell schon immer aufgeschlossen und offen für Neues. Dann war ich mal auf der Venus-Messe und habe mich umgeschaut und dort habe ich einige Dominas kennengelernt, das war sehr spannend. Dann habe ich mich weiter informiert und bin im Internet auf eine Domina gestoßen, die Ausbildungen angeboten hat. Das habe ich gemacht und da bin ich dann irgendwie hängen geblieben. Seit sechs Jahren habe ich mein eigenes Studio.

Über Dominas hat man viele Klischees im Kopf. Ist das nur etwas für Männer oder kommen auch Frauen zu dir?

D: Ja, es waren schon einige da, und es werde immer mehr. Das liegt sicher an »Shades of Grey«, dass mehr Frauen darauf neugierig sind und sich auch trauen und sich durchringen, mich anzurufen. Ich glaube, für Frauen ist es leichter, sich erstmal mit einer anderen Frau auf das

Ganze einzulassen. Auch wenn sie nicht lesbisch orientiert sind. Weil sie bei einem Mann am Anfang eventuell Bedenken hätten. Wird der mich zu fest schlagen oder was tun, was ich nicht will? Ist er zu grob? Ich glaube, der Einstieg mit einer Frau ist für die meisten leichter.

Wer sind diese Frauen, die zu dir kommen?
D: Unterschiedlich, manche kommen ganz unerfahren, ohne jedes Wissen über SM, die das irgendwo aufschnappen im Fernsehen oder in einem Buch und neugierig werden, manche kommen über meine SM-Kurse drauf und wollen ihr Liebesleben wieder aufpeppen. Bei manchen lässt auch der Partner was anklingen, was sie aber erst mal abblocken, weil sie sich zunächst selber mit dem Thema beschäftigen wollen. Die wollen erst mal für sich allein gucken, was es ihnen bringen könnte. Einige werden zu regelrechten Stammkundinnen, die dann immer wieder sagen: Och ja, jetzt könnt ich mal wieder.

Und dann gibt es die Frauen, die von ihrem Partner mitgenommen werden?
D: Ja, durchaus, und manche von denen kommen dann irgendwann auch allein. Das ist manchmal sehr offen, so dass beide interessiert sind. Häufig ist es aber auch so, dass die Frau dem Mann zuliebe mitkommt, sie kann selber nicht so viel damit anfangen, aber sie spielt es mit. Man kann sich zusammen einfach einen schönen Abend machen. Das gemeinsame Erleben ist ja auch wichtig, die beiden gehen dann vorher zusammen essen oder spielen später zu Hause weiter und erzählen sich auch Wochen später noch davon, so nach dem Motto »Weißt du noch …« Das beflügelt in jedem Fall, auch wenn die Frauen vielleicht selber gar nicht so viel Interesse daran haben.

Wie können Paare davon profitieren, wenn sie zu dir kommen?

D: Meine Erfahrung ist, dass Paare, die SM in ihrer Sexualität leben, viel tiefere Erfahrungen machen und auch insgesamt viel stärker miteinander verbunden sind.

Du hast auch einen männlichen Mitarbeiter, wird der von Frauen gebucht oder auch von Männern?

D: Er ist auch von Männern buchbar, wird aber hauptsächlich von Frauen gebucht. Das sind dann diejenigen, die in einem geschützten Rahmen mal was ausprobieren wollen, ohne das ganze Trara-Drumherum, die ihm einfach sagen können, dies und das möchte ich, und das dann ganz entspannt haben wollen.

Trara-Drumherum?

D: Na ja, man müsste ja sonst erst mal einen passenden Mann kennenlernen. Da gibt es schon die einschlägigen Portale, Sklavenzentrale oder Joyclub, und dann geht man Kaffeetrinken und lernt den kennen und dann geht man nochmal Kaffeetrinken, man muss ja erst Vertrauen fassen, das ist halt alles sehr aufwendig. Bei uns ist es viel einfacher und hundert Prozent sicher und diskret. Man sagt einfach, was man möchte, und das bekommt man. Wichtig ist auch, es gibt kein emotionales Drumherum. Viele Männer – und natürlich auch Frauen – können es viel besser akzeptieren, wenn der Partner ab und zu seine sexuellen Wünsche bei Professionellen auslebt, als wenn das private Bekanntschaften sind. Man weiß ja nie, was sich sonst noch so daraus entwickelt.

Deine Kunden sind zum Großteil Männer. Was suchen die bei dir?

D: Sie wollen ihren Fetisch, ihre Fantasie in der Realität ausleben. Das können sie bei mir, in mir haben sie einen

Spielpartner, der mitspielt, der an ihnen die Handlungen ausführt, die sie haben wollen.

Sind das Männer, die zu Hause unzufrieden sind, die mit ihrer Frau sexuell nicht weitekommen?
D: Es ist ganz häufig so, dass die Männer zu Hause bei ihrer Frau nur mal was angedeutet haben Richtung SM, aber die Frau hat sofort geblockt. Meistens ist es so, dass der Mann von einem Freund was erzählt, nach dem Motto, hör mal der Max, der hat sowas mit seiner Frau gemacht, stell dir vor … und wenn die Frau dann gleich sagt, oh nein, das geht ja gar nicht, wie kann er nur, dann ist es schon vorbei. Der Mann will sich ja nicht blamieren, also sagt er lieber nichts mehr. Oder er bringt seiner Frau schöne Schuhe und halterlos Strümpfe mit und sie sagt entsetzt, was, das soll ich anziehen, das geht gar nicht, ich bin doch keine Nutte …

Frauen halten sich für nuttig, nur weil sie halterlose Strümpfe anziehen?
D: Ja, leider, das kommt sehr häufig vor. Die Männer sind dann verzweifelt.

Männer vertrauen dir Dinge an, die sie sonst niemandem erzählen …
D: Ja, und ich glaube, das ist auch ganz gut, dass manche Dinge in der Beziehung nicht zur Sprache kommen, weil es vielleicht Dinge sind, die die Frau nicht versteht, und die die Beziehung belasten würden. Manches bleibt besser ein Geheimnis.

Man muss nicht alles mit dem Partner teilen …
D: Nein, definitiv nicht. Und wenn eine Frau ihrem Mann es gönnt, dass er zu mir kommt, dann ist das doch auch wunderbar. Ich haben einen Kunden, den schickt

die Frau regelmäßig – wenn er mal wieder schlecht gelaunt und unausgeglichen ist, sagt sie immer, mei, geh halt mal wieder zur Angelina!

Hat sich der Beruf der Domina eigentlich verändert, ist es heute anders, eine Domina zu sein als früher?
D: Ja, schon, denn die Fetische haben sich verändert. Früher gab es die sehr strenge Erziehung und mehr Schläge, und dann sind die ersten sexuellen Reize oft mit Schlägen verbunden worden. Wer sich nicht benommen hat, musste in die Ecke, wurde weggesperrt oder auf die Finger gehauen oder wie das früher halt war. Heutzutage sind die Fetische eher Frauenklamotten anziehen, Strumpfhosen, BHs, sowas halt. Ich denke, das ist deshalb, weil viele Jungen sehr feminin aufgezogen werden, nicht mehr so körperlich gewaltmäßig. Es gibt da so einige, denen ich befehle, dass sie im Büro unter ihrem Nadelstreifenanzug Stay-ups tragen sollen. Ich sage ihm dann, kauf dir in der Mittagspause halterlose Strümpfe, zieh sie in der Toilette an und trage sie bis zum Abend unter deinem Anzug.

Fetische entstehen schon in der Kindheit?
D: Es gibt da keinen festlegten Zeitpunkte, manchmal in der Pubertät, das kann auch schon weit davor sein. Es könnte zum Beispiel so sein, dass jemand Frauenunterwäsche anfasst, und unbewusst streichelt er sich dabei selbst, und das ergibt die Prägung, Frauenunterwäsche und Geilheit. Das ist dann miteinander verbunden im Gehirn und gibt eine Fantasie. Das kann auch im Negativen passieren, wenn ein Junge beispielsweise gezwungen wird, Strumpfhosen anzuziehen, auch wenn es nicht mehr notwendig ist, und später zieht er sie dann auch noch unter Zwang an. Auch das kann einen Reiz verursachen. Fieberthermometer ist auch ein sehr häufiger

Fetisch. Bis zu einem gewissen Alter wird ja Fieber im Po gemessen und das kann einen sexuellen Reiz erzeugen und sich verknüpfen, und das ist dann später auch noch so.

Diese Verknüpfungen bleiben ein ganzes Leben lang?
D: Ja, schon. Der Fetisch ändert sich nicht. Wenn jemand etwas gut findet, findet er es immer gut, Das ist dann sein Fetisch. Und da ist auch nichts falsch dran. Viele kämpfen leider damit. Viele Männer, die in sehr männlichen Berufen sind, die wollen im normalen Leben keine Frau sein, aber in ihrer Sexualität. Ich kenne sehr viele, die sich dann ein Röckchen zulegen und einen BH, und irgendwann die Komplettausstattung. Ich habe schon viele Köfferlein mit solchen Klamotten geschenkt bekommen, wo jemand dann sagt, ich möchte das nicht mehr, ich höre auf damit, ich will es nicht mehr, ich schenke dir das. Doch irgendwann bricht es dann doch wieder durch. Mir tut das immer sehr leid. Das muss ein riesengroßer Zwiespalt sein, sich einerseits so etwas zu wünschen und es sich gleichzeitig zu verbieten. Wenn man sich etwas verbietet, dann kreisen die Gedanken ja noch mehr darum und man quält sich die ganze Zeit damit.

Dann wäre es doch viel einfacher, gelegentlich zu dir zu gehen?
D: Ja, natürlich, das machen viele ja auch. Die kommen dann und leben ihre Fantasien aus, sie sind dann erst mal wieder befriedigt und sie beschäftigen sich nicht dauernd damit. Wenn man das ab und zu auslebt, kreisen die Gedanken nicht mehr dauernd darum und man ist viel entspannter.

Eine sehr wichtige Dienstleistung, die du da anbietest!

D: Ja, das ist so. Ich würde mir wünschen, dass sie endlich aus dieser Schmuddelecke rauskommt, wo sie leider immer noch drin ist. Alle bedienen sich bei uns und nutzen das, was wir tun, für ihre Zwecke. Beispiel: Früher musste ich meine Kleider in Spezialgeschäften kaufen, heute gibts die bei H&M. Lederrock, hohe Stiefel, sowas tragen Frauen, wenn sie abends ausgehen. Wenn ich mir die modernen Musikvideos anschaue, da bin ich ja züchtig angezogen dagegen. Alle bedienen sich, aber wir, die wir es tatsächlich ausüben, wir werden immer noch schief angeschaut. »Hmmm, was wird jetzt das für eine sein?« Oder jemand, der es auslebt: »Oh, der geht zur Domina, was wird wohl das für einer sein?« Unser Job darf noch viel gesellschaftsfähiger werden, gerne auch ein wenig hip. So dass man sagt, hey, wir gehen heute zur Domina. Paare gehen ja auch in die Therme oder in ein Wellness-Hotel. Ich sag immer gerne zu meinen Männern, wenn sie Bedenken haben, mach dir keine Gedanken, deine Frau geht zur Kosmetik und zur Massage und kauft sich Schuhe, und du, du machst halt Wellness für den Herrn.

Nachwort: Unser erster Besuch im Stundenhotel

»Das ist ein echter Trend mit den Hotels, die ihre Zimmer tagsüber vermieten«, höre ich Frank im Vorbeigehen sagen.

»Hm. Echt? Wie kommst du jetzt darauf?«

»Habe ich gerade online gelesen. Die Hotels müssen ja auch schauen, wo sie bleiben.«

Ich bin schon dabei, das Thema wieder zu vergessen, doch er legt noch einen drauf. »Lass uns mal in eines von den Stundenhotels gehen. Nächsten Samstag.«

So konkrete Ansagen zu diesem Thema bin ich von ihm noch nicht gewohnt. Und freue mich. Er hat Blut geleckt. *Yes*!

»Was ist denn nächsten Samstag?«, frage ich harmlos.

»Na, das ist das Wochenende, an dem wir den Mietwagen haben. Den Jaguar.«

Ach ja, den hatte ich ganz vergessen. Keine schlechte Idee das mit dem Hotel am Tage. Wir haben nämlich ein Wochenende mit einem richtig geilen Auto zum supergünstigen Preis ersteigert. Dummerweise haben wir nicht daran gedacht, vorher unsere Babysitterin zu fragen, ob sie an dem Wochenende Zeit hat und über Nacht bleiben kann. Sie kann nicht, also fällt im Hotel übernachten aus. Doch vormittags im Stundenhotel aufschlagen, das geht. Ich bin aufgeregt. Ja, darauf habe ich echt Lust, das wollten wir sowieso schon länger ausprobieren. Und die Idee kommt von *ihm*. Ich setze mich gleich an den Computer und recherchiere. In München finde ich vier Stundenhotels und entscheide mich für das südlichste, wir wohnen ja im Süden von München und wollen anschließend noch eine kleine Spritztour in die Berge machen.

Ich greife zu meinem Telefon, um gleich ein Zimmer zu reservieren. »Ja, hallo, mein Name ist Wendel, könnte ich am kommenden Samstag ein Zimmer bei euch reservieren, von elf bis dreizehn Uhr?«

»Jep, das geht, ich schreib es auf.«

Mehr muss anscheinend nicht besprochen werden. Dann fällt mir ein, dass ich etwas fragen muss, ich kenne dieses Etablissement ja noch nicht.

»Gibt es eine Dusche auf dem Zimmer?« Also, wenn, dann wollen wir natürlich auch ausgiebig duschen! Und Stundenhotel ist ja auch ein Hotel. Und Hotels haben eine Dusche auf dem Zimmer. Oder?

»Ja, also nebenan ist eine Dusche, die könnt ihr nutzen.« Der Tonfall, in dem die Dame am anderen Ende der Leitung das sagt, macht mich irgendwie skeptisch. Nebenan? Sie meint sicher, dass die Dusche nicht direkt im Zimmer ist, sondern in einem Badezimmer nebenan. Gegen Aufpreis könnten wir ein Zimmer mieten, wo ein Whirlpool mitten drin ist. Doch das ist auf meine Nachfrage hin schon ausgebucht. Ich muss noch etwas wissen: »Wie ist das mit einem Föhn, muss ich den mitbringen?«

»Ja, den bringst du besser mit.« Handtücher? Duschgel? Ich frage nicht weiter, sondern beschließe, im Zweifelsfall alles mit zu nehmen. Das Wichtigste ist das Bett, und die Zimmer sehen auf den Fotos sehr gemütlich aus.

Am besagten Samstag machen wir uns mit einer vollgepackten Tasche mit Handtüchern, Duschgel, Föhn, Kondomen, einer Banane (falls ich Hunger kriege), Gleitgel, Massageöl und schönen Dessous auf den Weg. Das Auto ist cool, doch ich kann es nicht richtig genießen. Die Nacht war viel zu kurz, unsere Kids haben uns bereits weit vor fünf Uhr geweckt und uns seitdem auf Trab gehalten.

»Und, freust du dich?«, fragt mich Frank.

»Puuh, im Moment bin ich vor allem müde«, ist das Einzige, was mir darauf einfällt, und ich gähne herzhaft.

»Na, das sind ja tolle Voraussetzungen«, brummt er.

»Keine Sorge, ich werde schon wieder wach.«

Ich überlege, was uns gleich wohl erwartet. Nachdem wir auf den Parkplatz gefahren sind und uns mit unserem schicken Auto in diesem Hinterhof fast schon wie Zuhälter fühlen, schauen wir uns an. Von außen sieht es ... na ja, wichtiger ist, wie es von innen aussieht. Wir freuen uns auf unser Abenteuer und klingeln an der Tür. Wir werden freundlich von der Dame begrüßt, die ich auch am Telefon hatte, sie führt uns durch einen Gang nach hinten, zeigt uns rechts die Toilette und die Dusche (also doch nicht im Zimmer!) und führt uns bis zum Zimmer Nummer acht, ganz am Ende, einmal um die Ecke.

»Seid ihr voll heute?«, frage ich vorsichtig.

»Noch nicht, aber da kommen später noch einige.«

Okay, also das mit dem ausgiebigen Duschen fällt also aus. Macht nichts, die Dusche ist in Ordnung. Und noch etwas muss ich loswerden, was mir schon beim Reinkommen aufgefallen ist: »Ähm, gibt es hier auch ein ... Nichtraucherzimmer?« Es riecht sehr nach Rauch. Blöde Frage.

Sie lacht: »Nein. Wir sind abends ein Sexclub, wo die Damen mit ihren Kunden kommen, von zwanzig bis sechs Uhr ist hier viel los. Wir vermieten die Zimmer tagsüber an Privatpersonen. Die meisten sind froh, dass man hier noch rauchen darf, darf man ja sonst nirgendwo mehr.« Wow, wir sind also in einem echten Bordell. Auch ein Geschäftsmodell, die Zimmer zusätzlich am Tage an Seitenspringer oder Paare wie uns zu vermieten.

Dann habe ich noch eine letzte Frage: »Die Musik, die im

Zimmer läuft, kann man die etwas leiser machen? Ist schon ziemlich laut finde ich, und ich will mich ja wohlfühlen.«

Das könne sie nur zentral regeln, meint sie, sie mache es aber gern ein bisschen leiser.

»Und, ähm, das ist eine CD oder wie?« Ich kann noch nicht richtig lockerlassen.

»Das ist Radio.«

Jetzt bin ich verwirrt. Das meinen die nicht ernst, dass wir uns gleich Werbung und Verkehrsfunk anhören müssen? Ich sage aber nichts.

Sehr gut gefällt uns, dass wir zur Begrüßung einen Prosecco-Piccolo bekommen, in einem Sektkübel, unter einer Riesenmenge Eiswürfeln. Und zwei Gläser und nochmal extra Eiswürfel.

Unsere Gastgeberin verschwindet. »Wenn ihr noch was braucht, meldet euch einfach.«

Das Zimmer ist gemütlich, das Bett riesig, das Licht gedimmt, die Musik jetzt leise und die Heizung – eiskalt. Ein paar Details könnte man verbessern hier. Immerhin haben wir Anfang November. Ich überlege kurz, ob die Zeitschaltuhr auf nachts eingestellt ist, wenn der Hauptverkehr hier ab zwanzig Uhr stattfindet. Vielleicht ist es hier andersherum also sonst, normalerweise geht die Heizung ja nachts aus … Ich beschließe, jetzt aufzuhören zu meckern. Wir werden uns schon warme Gedanken machen.

Wir stoßen auf unser Abenteuer an und ich leere mein Glas in einem Zug. Langsam komme ich an. Wenn man nur zwei Stunden hat, muss es etwas schneller gehen. Ich schicke Frank nochmal an die Bar, ich möchte noch mehr Prosecco. Eiswürfel haben wir ja genug. Es ist anders als erwartet, dieses Stundenhotel. Ganz anders. Das ist immer das gleiche Thema. Man sollte einfach nichts erwarten. Einfach darauf einlassen. Wir beginnen, uns zu küssen und zu berühren. Aaahhh, jetzt fange ich an, mich wohlzufühlen. Ich erzähle Frank, dass ich eben kurz Bedenken hatte, ob wir Verkehrsfunk anhören müssen. Er lacht. Verkehrsfunk? Das würde doch passen … Jetzt muss ich auch lachen. Humor ist doch immer noch das Beste.

Frank zieht mir den Pullover aus. »Ohh, hier findet man ja schöne Sachen, die sonst unter Fleecejacken versteckt sind.« Ich muss wieder lachen. Das werden wir auch noch angehen, das Thema mit den Fleece-Jacken. Ein paar Wünsche dürfen ja noch offen bleiben für das nächste Jahr. Ich vergesse alles um mich herum und genieße einfach nur unsere Berührungen. Es hat sich so viel getan seit Anfang des Jahres. Wie er mich anfasst, seine Küsse … Ich packe eins von den Kondomen aus und streife es ihm über. Ich habe Lust auf ihn, aber richtig! Dieser Mann ist der Beste, der mir je begegnet ist, was habe ich für ein Glück, ihn an meiner Seite zu haben. Es dauert nicht lange heute und schwuppdiwupp sind wir schon wieder fertig. Die Umgebung ist anregender als gedacht.

Wir liegen uns in den Armen, und während ich noch darüber nachdenke, wie genial die Idee mit den 12 Wochen war, höre ich schon ein leises Schnarchen an meinem Ohr. Kurz danach bin ich auch weggedämmert. Die Nacht war echt kurz. Gut, dass wir zwei Stunden gebucht haben und nicht nur eine, denke ich noch beim Einschlummern. Und das werden ganz sicher nicht die letzten zwei Stunden gewesen sein …

NEUE PUNKTE AUF MEINER »LÖFFELLISTE«

Beim Stöbern in einem unserer Bücherregale am gleichen Abend fällt mir ein Buch in die Hände, das ich vor zwei Jahren zum ersten Mal gelesen habe. »Die Liste vor der Kiste«

von Ruediger Dahlke. Am 1. November 2014 war er als Referent bei einem unserer Events eingeladen und hat einen sehr eindrucksvollen Vortrag gehalten. Ich war schon lange fasziniert von seinen Botschaften und sehr froh, ihn als Redner gewinnen zu können. Zur Verabschiedung nach unserem Event hat er mir ein Buch geschenkt, passend zum Tag Allerheiligen. Heute nehme ich es mit ins Bett, wir haben schließlich wieder Anfang November. Man solle sich bereits, wenn man mitten im Leben stehe, eine Liste der Dinge machen, die man noch zu Lebzeiten erfahren möchte, so das Thema des Buches. Es gibt zu diesem Thema einen tollen Film »Das Beste kommt zum Schluss«, von dem ich ein großer Fan bin. In diesem geht es um zwei ältere Männer, die sich im Krankenhaus kennenlernen und beide die Diagnose bekommen, dass sie nur noch ein halbes Jahr zu leben haben. Doch anstatt zu verzweifeln, schreiben sie sich eine List mit Dingen, die sie noch erleben wollen, und nutzen die verbleibende Zeit, um die verrücktesten Dinge zu tun, eben alles, was sie schon immer mal tun wollten. Im Amerikanischen gibt es für diese Liste den Begriff »Bucket List«. Der Begriff »kick the bucket« bedeutet das Gleiche wie im Deutschen »den Löffel abgeben«. Auf so eine »Löffelliste« schreibt man also alles, was man noch erleben will, bevor man den sprichwörtlichen Löffel abgibt. Es ist erwiesen, dass sterbende Menschen vor allem jene Dinge bereuen, die sie nicht getan haben. Die sie sich nicht getraut, verpasst oder aus falscher Rücksichtnahme unterdrückt haben. Das Buch von Ruediger Dahlke befasst sich mit dieser Liste und man bekommt einen Haufen Anregungen, was man alles draufschreiben könnte.

Eines der ersten Kapitel beschäftigt sich mit dem Thema Erotik. Ich glaube ja, dass es – gerade in der heutigen Zeit! – einem Menschen großen Kummer bereitet, wenn er zurückblickt und zugeben muss, dass er sich sexuell nie richtig ausgelebt hat. Denn man hat ja alle Möglichkeiten heute. Doch wer ist schon sexuell frei, wer lebt alles, was er sich wünscht?

Diese Wünsche aufzuschreiben, vielleicht wirklich auf so eine Löffelliste, das ist der erste Schritt. Denn damit gesteht man sich selbst zu, dass man ein Recht darauf hat, sexuelle Erfüllung zu erleben. Während ich mich in mein Bett kuschle (mit der schönen Bettwäsche natürlich), überlege ich, was auf meiner Löffelliste beim Punkt Sex noch draufstehen sollte. Ich habe schon eine Menge erlebt, so ist es nicht. Und trotzdem gibt es noch so viel zu entdecken. Ich habe noch einige Toys in meiner Kiste, die ich wieder entstauben möchte. Und ich will noch in diesem Jahr eine Bondage- oder SM-Session mit Frank erleben. Wir sind nach unserem Treffen mit Angelina ready to go. Es fehlt eigentlich nur noch die Entscheidung, wo. Wann, das haben wir schon verabredet, an meinem Geburtstag, nächste Woche. Also, dieser Termin muss organisiert werden. Ich hole mir nochmal meinen Laptop. Wie war das mit den anderen Stundenhotels, vielleicht gibt es da ja irgendwo ein SM-Zimmer? Bei Angelina, das machen wir zu einem späteren Zeitpunkt. Wir müssen überhaupt mal anfangen, da braucht es nicht gleich ein topausgerüstetes ganzes Studiozimmer. Ich werde schnell fündig und finde in einem dieser Stundenhotels im Zimmer Nummer zwei ein paar SM-Accessoires. Und einen riesengroßen Whirlpool. Und eine Dusche! Es ist noch nicht so spät, also rufe ich gleich an und buche es. Und ich schreibe gleich »Geburtstagsfeier« in unseren gemeinsamen Outlook-Kalender. Das wäre erledigt. Kann ich einen Punkt gleich wieder von der Liste streichen. Ich habe es organisiert, wir müssen es nur noch tun. Das mache ich übrigens gerne so, wenn ich Listen erstelle. Immer einen Punkt draufschreiben, den ich gleich abhaken kann. Das gibt einem ein wunderbares Erfolgsgefühl. Ich kuschle mich wieder in meine Bettdecke und denke weiter über meine Löffelliste nach. Neben diesen Dingen, die mich ganz privat interessieren, bleibt vor allem ein Gedanke hängen, und den nehme ich mit in meine Träume:

Ich möchte ein Wegbereiter für eine neue sexuell freie Gesellschaft sein. Eine Gesellschaft, in der Sex nicht mehr so ein »Riesending« ist, wie wir es seit Generationen erleben. Und damit meine ich nicht Sex in den Medien. Ich meine den Sex in den Köpfen. Den Sex in Beziehungen. Wenn ich es schaffe, eine Million Menschen zu inspirieren und ihnen zu einem Stück sexueller Freiheit mehr zu verhelfen, dann hätte ich einen echten Meilenstein erreicht. Dann wäre eine kritische Masse erreicht. Mal sehen ob mir das mit diesem Buch gelingt …

DIE ZUTATEN FÜR EIN 12-WOCHEN-SEX-PROGRAMM

Vielleicht hast du, lieber Leser, liebe Leserin, Lust bekommen, mit deinem Partner ebenfalls eine Sex-Challenge durchzuführen? Ihr könnt die gleichen Dinge unternehmen wie wir, oder auch ganz andere. Die Frage ist, worauf seid ihr neugierig? Was würde euch beiden oder einem von euch Spaß machen? An dieser Stelle findet ihr die wichtigsten Punkte zusammengefasst, die das Ganze funktionieren lassen:

- *Legt einen Zeitraum fest*, in dem das Ganze stattfindet. Dieser muss euch herausfordern, aber auch realistisch sein. Dreißig Tage sind meiner Ansicht nach das Mindeste für eine Sex-Challenge, von dort bis zu einem Jahr ist alles möglich und bleibt überschaubar. Wenn ihr alles direkt hintereinander macht, seid ihr schneller »durch« und habt rascher ein Ergebnis. Es kann sehr reizvoll sein, sich mal richtig »reinzuhängen«, so wie bei »100 Tage Sex« zum Beispiel. Es kann aber auch sinnvoll sein, sich mehr Zeit zu lassen, beispielsweise über ein Jahr verteilt immer wieder Dinge zu erleben, dann hat man unter Umständen eine größere Nachhaltigkeit. Ich vergleiche das mal mit dem Abnehmen: Eine Crash-Diät bringt schnellen Erfolg, aber langfristig fällt man meistens wieder in die alten Gewohnheiten zurück. Eine Ernährungsumstellung über längere Zeit, zum Beispiel ein paar Monate, bleibt meistens auch länger erhalten.

- *Überlegt, was ihr erleben wollt.* Wünsche können sehr unterschiedlich sein, sowohl die eines Paares als auch die von jedem Einzelnen der beiden. Am besten aufschreiben, sich darüber austauschen, und dann Stück für Stück erleben. Diese Liste sollte euch »anmachen«, also schreibt auch Dinge darauf, die euch herausfordern. Wenn euch unterwegs etwas Neues einfällt, könnt ihr das natürlich auch später noch hinzufügen. Mehr geht immer! Der Plan muss nicht gleich vollständig sein, verbringt nicht zu viel Zeit mit dem Planen, sondern schreitet möglichst schnell zur Tat.
- Das Wichtigste ist, *die Dinge tatsächlich zu tun*, auch wenn ihr in dem Moment keine Lust darauf habt oder ängstlich seid oder einer von beiden kneifen will. Für einen Tag zu verschieben, weil es gar nicht geht (wegen Magengrippe oder so), ist natürlich möglich, doch ausfallen lassen gilt nicht. Man sollte sich seinen Ängsten und auch seinen Widerständen stellen, denn genau dadurch kommt die Veränderung!
- *Zieht ein Fazit*: Was war gut, was wollt ihr beibehalten, was habt ihr daraus gelernt, wie wollt ihr das integrieren? Das müssen keine stundenlangen Gespräche werden, vieles wird von selbst passieren!
- *Bei einem solchen Plan darf und muss einer die Führung übernehmen.* Dieser Punkt ist wahrscheinlich der wichtigste von allen! Es wird selten vorkommen, dass beide gleich viel Lust auf einen Sex-Plan haben. So wie auch oft einer von beiden weniger Lust auf Sex hat. Der mit weniger Lust muss bereit sein, sich füh-

ren zu lassen. Und der mit mehr Lust muss bereit sein, die Führung zu übernehmen. Das vielzitierte Erotik-Dilemma von David Schnarch (= derjenige, der weniger Lust hat, bestimmt die Häufigkeit des Sex) müsst ihr beide ganz bewusst ignorieren. Mit Unlust dominieren, genauso, wie alles erst mal demokratisch abzustimmen, würde in diesem Fall jeden Spaß verhindern. Nein, einer bestimmt, der andere macht mit. Dann wird es auf einmal ganz einfach.

SILVESTER – EIN JAHR SPÄTER

Das Jahr neigt sich dem Ende zu. Und ich bin mächtig stolz auf uns. In den letzten Wochen haben wir nochmal richtig losgelegt, haben meinen Geburtstag in dem Stundenhotel im Zimmer mit den SM-Accessoires und dem Whirlpool gefeiert, waren endlich mal wieder Gäste auf meiner Lieblings-Fetisch-Technoparty »Subrosadictum« und haben zum ersten Mal an einem stinknormalen Mittwochmorgen zu Hause meine Spielzeugkiste ausgepackt und einiges davon ausprobiert. Wir haben beide wieder Lust bekommen, fühlen uns wie frisch verliebt und sind neugierig wie kleine Kinder, was wir noch alles im Bett entdecken können.

Unsere Beziehung fühlt sich vital und lebendig an. Gesundvögeln kann man sich also auch zu zweit. Wir sind beide über unseren Schatten gesprungen, haben unsere lästigen Gewohnheiten überwunden und es hat funktioniert. Tatsächlich könnte man sagen – um die Worte eines guten Freundes zu verwenden – wir und unsere Partnerschaft sind »pumperlgsund«. Unser 12-Wochen-Programm war erst der Anfang …

Mein Motto für das letzte Jahr war »Zweitausendsexzehn«, mein Wort für das nächste Jahr ist »Extase« …

5 Jahre später – das Bonus-Kapitel

2020/21 – BEWÄHRUNGSPROBE FÜR DIE LIEBE

Frühsommer 2021: Eine Frau und ein Mann sitzen mir gegenüber, sie in einem luftigen Kleid mit Blümchen, er mit Jeans und Hemd daneben, sie schaut mir direkt in die Augen. »Ich hasse es, wenn er in der Jogginghose mit seinem Laptop auf den Knien den ganzen Tag im Bett sitzt. Jeden Tag. Von morgens bis nachmittags. Und ich denk mir: Kann der nicht mal rausgehen, irgendwie Sport machen oder so? Er ist so fett geworden. Ich bin von ihm angewidert, ich kann ihn nicht mehr ertragen.«

Diese oder ähnliche Worte habe ich nach dem Lockdown nicht nur von dieser Frau gehört. »Und weißt du was, manchmal duscht er drei Tage lang nicht, wirklich drei Tage lang, dieser Mann ist einfach völlig unmöglich.«

Er sitzt daneben, macht ein leicht bedröppeltes Gesicht, schweigt, und zuckt mit den Schulten. Immerhin verdient er das Geld und füttert die Familie durch, von seinem Bett aus, aber Wertschätzung dafür bekommt er nicht. Er hat nichts zu seiner Verteidigung zu sagen. Apropos Duschen: Ich habe neulich gelesen, dass der Verkaufsabsatz von Duschgels und Pflegeprodukten im Lockdown tatsächlich massiv eingebrochen ist. Viele Menschen haben sich gehenlassen in dieser Zeit. Das Einzige, was deutlich mehr verkauft wurde, sind Haarfärbeprodukte und Friseurbedarf für den Hausgebrauch. Und Jogginghosen hatten Hochkonjunktur. Der Mann erzählt, am Abend wechsle er auf die Couch im Wohnzimmer, um den stressigen Tag im Home-Office mit einem Glas Bier vor dem Fernseher ausklingen zu lassen. »Meistens schlafe ich vor dem Fernseher ein. Und dann gehe ich später nicht mehr ins Schlafzimmer zurück, sondern bleibe einfach auf der Couch und schlafe dort.« Seine Frau gibt zu, dass sie froh ist, wenn er auf der Couch einschläft und sie den ersten Teil der Nacht alleine im Bett verbringen kann. Dann hat sie endlich mal ihre Ruhe, bevor ihre vierjährige Tochter in der Nacht aus dem Kinderzimmer zu ihr wechselt und der Achtjährige am frühen Morgen von ihr beschäftigt werden will. Die Frau fühlt sich von Hausarbeit und Kinderbetreuung, Teilzeitjob und Home-Schooling völlig überfordert und lässt ihren Frust an ihrem Mann ab.

Ein schwieriger Fall, und ein typischer in diesen Zeiten. Aber kein unlösbarer. Diesem Paar kann geholfen werden, wenn beide lernen, sich gegenseitig aus ihrer Lethargie und ihrem Frust herauszureißen, anstatt sich wechselweise runterzuziehen. Trennung ist erst mal keine Option. Ich bin ehrlich zu der Frau und sage ihr, so gemein wie sie ist und über ihn redet, wird sie eh keinen anderen finden. Das sitzt. Beide schmunzeln und bestärken ihren Wunsch, diese Krise zusammen zu meistern.

Eine andere Frau beschwert sich bitterböse, dass ihr Mann sich einfach viel zu wenig an den Haushaltsarbeiten beteiligt, obwohl er die ganze Zeit zu Hause verbringt. Früher, als er beruflich noch mehr unterwegs war, ist ihr gar nicht aufgefallen, dass sie die gesamte Arbeit macht. Doch wenn er nun mit seinem Laptop am Küchentisch sitzt, während sie versucht, um ihn herum aufzuräumen, wird ihr immer deutlicher bewusst, dass er ja nicht nur nicht aufräumt, sondern durch seine ständige Anwesenheit auch noch mehr Unordnung und Dreck macht als vorher. Von den beiden Teenagern ganz zu schweigen. Wenn sich alle zu Hause auf der Pelle hängen, muss plötzlich viel mehr eingekauft, gekocht, abgewaschen und geputzt werden. Wer soll das alles erledigen? Paare und Familien erleben sich von ihren schlechtesten Seiten, und das 24 Stunden am Tag. Wo man sich vorher bei getrennten Jobs in wenigen Stunden Zweisamkeit noch irgendwie zusammenreißen konnte, zeigen sich schlechte Angewohnheiten in Zeiten eines Lockdowns in nie gekanntem Ausmaß.

Interessanterweise sind es fast nur die Frauen, die sich über die Männer beschweren, selten umgekehrt. Das war schon vor Corona so, aber dieses Muster wurde durch die Lockdown-Situation verschärft. Die Unzufriedenheit, vor allem verheirateter Frauen, insbesondere verheirateter Mütter, hat durch die Pandemie einen neuen Höhepunkt erreicht, so wie viele soziale Themen auf einmal wie unter einem Brennglas hervortraten. Fälle häuslicher Gewalt haben sich vervielfacht. In dieser Extremsituation lag allerdings auch eine große Chance: wenn Paare es geschafft haben, sich zusammenzuraufen, zu produktiven Teams wurden und in der Krise einige ihrer schlechten Angewohnheiten hinter sich lassen konnten.

Ein Task, den ich vielen Paaren gebe, ist, dass sie eine »Meckerliste« erstellen und in der Küche aufhängen sollen. Der Mann darf jedes Mal einen Strich machen, wenn die Frau meckert. (Natürlich kann man das auch umgekehrt machen, meistens sind allerdings Frauen die Meckerliesen). Viele meiner Coaching-Paare waren nach zwei Wochen erstaunt, dass an manchen Tagen das Blatt Papier fast vor Strichen überquoll. Man gewöhnt sich an schlechte Stimmung. Wir haben gemeinsam reflektiert, um dem Mechanismus auf die Schliche zu kommen, warum an manchen Tagen mehr und an anderen weniger gemeckert wird und was genau die einen von den anderen unterscheidet. Grundsätzlich kam bei allen Frauen ein hohes Maß an Gesamt- Unzufriedenheit zutage. Gleichzeitig gab es aber nur eine begrenzte Einsicht, dass sie selber viel dazu beitragen könnten, diese Unzufriedenheit abzuwenden. Aus ihrer Sicht war vor allem der Mann an allem schuld.

Damit sind wir am Kern des Problems der allermeisten Paare: Spätestens, wenn sie Kinder haben, verdient der Mann in der Regel mehr Geld, die Frau wird zur Hausfrau mit Teilzeitjob und die Unzufriedenheit und gegenseitige Dominiererei beginnt. Geld und Sex sind die größten Druckmittel in Beziehungen. Der Typus der modernen, gut situierten, aber zutiefst angepissten Ehefrau hat Hochkonjunktur. Über dieses Thema habe ich 2019 ein Buch geschrieben: *»Männer sind Schweine, Frauen erst recht.«* Doch es gibt Wege aus dem Dilemma. Einer davon ist, dass die Frau selbst mehr Geld verdient und sich beruflich verwirklicht. Dann *muss* der Mann mehr im Haushalt und bei der Kindererziehung mithelfen, was er in der Regel sogar gerne tut, wenn er dafür beim Geldverdienen entlastet wird. Ein anderer Weg ist, dass das Paar sich als Team erlebt, in dem eine gewisse »Arbeitsteilung« herrscht, und damit seinen Frieden macht. Es ist völlig okay, sich Lebensbereiche aufzuteilen. Das funktioniert allerdings nur, wenn beide ehrlich miteinander sind. Regelmäßiger Sex hilft dabei, mehr Verbundenheit zu erleben und konstruktivere Gespräche zu führen, und damit knüpfe ich direkt an Woche 3 an, denn körperliche Nähe erzeugt ein wunderbares »Wir-gegen-den-Rest-der-Welt-Gefühl«. Das Problem der Lockdowns war freilich, dass viele Paare durch das erzwungene Aufeinanderhocken in ihren Wohnungen und das dadurch entstandene Sich-Gehen-Lassen ihr Bedürfnis nach Körperkontakt verloren haben. Das Einzige, was da noch hilft, ist Humor.

Mein Mann und ich, wir hatten sehr viel Glück im Unglück. Ach ja, wir sind übrigens mittlerweile verheiratet. Es sind tatsächlich fünf Jahre vergangen, seit ich dieses Buch ursprünglich geschrieben habe, und für die Neuauflage gibt es dieses neue Kapitel, sozusagen ein kleines Update, bevor im Herbst 2022 »gesundgevögelt 3« erscheint. Ich kann jetzt schon verraten: Es ist viel passiert. Sehr viel. Seit Herbst 2017 bin ich wieder an der Uni. Ich studiere angewandte Sexualwissenschaft. Unsere Sex-Retreats leite ich mittlerweile selber und mein Terminkalender ist voll mit Coachings für Paare. Und ich kann stolz sagen, dass wir gestärkt aus der Corona-Krise herausgegangen sind, weil sich wieder mal gezeigt hat, dass wir in den wichtigen Themen die gleichen Ansichten und Wertvorstellungen haben und dass wir viel von jenen Dingen umsetzen konnten, über die ich immer schreibe. Sei dein eigener Lehrer.

Im Februar 2020, kurz vor dem ersten Lockdown im Frühjahr 2020, haben mein Mann und ich entschieden, in ein Haus mit Garten umzuziehen. Die beste Entscheidung unseres Lebens, und sie war überfällig, mit zwei kleinen Kindern wurde es in der Etagenwohnung einfach irgendwann zu eng. Anfang April 2020, mitten in der gespenstischen Ruhe der Ausgangssperre, haben wir uns einen Lieferwagen von einem Freund ausgeliehen und sind umgezogen. Umzüge sind für mich nichts Neues, aber dieser war schon ein ganz besonderer. Wir wussten anfangs noch nicht mal, ob wir das überhaupt dürfen, also umziehen. Ich habe noch nie so viel weggeworfen. Und ich war noch nie so überzeugt, dass ein neuer Lebensabschnitt ansteht.

Natürlich haben wir durch die besondere Situation der Lockdowns auch in unserer Beziehung unproduktive Mechanismen erkannt. Die Tendenz zum Meckern habe ich durchaus auch, musste ich feststellen. Dafür neigt Frank zum Mauern. Wenn es für ihn unbequem wird, sagt er einfach nichts mehr, steht auf und geht in die Küche. Ein Mann halt. Dann weiter zu meckern, bringt gar nichts. Wenn ich in so einem Moment allerdings innerlich lockerlasse, anstatt mich aufzuregen, hinter ihm hergehe und die Unterhaltung einfordere, anstatt mich wütend zurückzuziehen, kommen wir wieder ins Gespräch. Bei einem Mann braucht frau Geduld, wenn es ums Reden geht. Und ich habe gelernt: Wenn ich nicht meckere, sondern ganz »normal« rede und meine Wünsche äußere, entsteht eine andere Kommunikation. Es ist tatsächlich simpel: »Kannst du bitte ...« statt »Nie machst du ...«. Klare Ansagen statt emotionale Beschwerden. Der Schlüssel ist meine Stimmung: Lasse ich mich von seiner schlechten Laune runterziehen oder reiße ich ihn mit guter Laune hoch? Das ist eine Entscheidung, die jede Frau jeden Tag aufs Neue treffen muss.

Was den Sex betrifft, mussten wir kreativ werden, denn wir hatten uns zwischenzeitlich schon sehr daran gewöhnt, unsere Zeit zu zweit in Whirlpools von Stundenhotels, in Clubs oder sonst wo »draußen« zu verbringen. Ehrlich gesagt waren wir fast gar nicht mehr gewohnt, Sex zu Hause im Bett zu haben. Tja, auch für mich gibt es immer wieder etwas zu lernen. Ein gutes Sexleben erfordert laufend Kreativität, und wenn es die Rückkehr zur langweiligen Samstag-Abend-nach-dem-Fernsehen-Nummer ist. Nachdem vieles von dem, was wir uns in unserem 12-Wochen-Programm erarbeitet hatten, wie Tantra-Massage, Stundenhotels, Swingerclubs, Dominas usw. durch den Lockdown unmöglich wurde, waren wir auf uns selbst zurückgeworfen. Tatsächlich hatten wir eine Zeitlang fast gar keinen Sex mehr, denn ich habe mich innerlich fast geweigert, auf meine lieb gewonnenen Erlebnisse zu verzichten. Das Normalprogramm langweilt mich, und bevor ich mich langweile, lasse ich es lieber und lese etwas. Oh, das ist ganz schön gemein jetzt, ich weiß. Aber es ist die Wahrheit. Ich glaube, bei den meisten Frauen, die keine Lust auf Sex haben, ist es so, dass sie eigentlich gelangweilt sind.

Langeweile ist nun allerdings ein sehr unproduktiver Zustand, und ich hasse unproduktive Zustände. Problem erkannt, Problem gebannt. Irgendwann im »Lockdown Light« beschließe ich: Wenn wir nicht rauskönnen, dann holen wir uns eben den Spaß nach Hause. Im Internet finde ich sehr viele Anregungen, was man zu Hause alles anstellen kann. Zum Beispiel erotische Rollenspiele. Ich bestelle eine Spiele-Box für Paare mit Anleitung und ein paar Spielsachen, damit kann man nichts falsch machen, und ich wollte eh schon lange Rollenspiele ausprobieren. Natürlich liegt die Schachtel erst mal ein paar Wochen in meinem Arbeitszimmer rum, aber wir legen einen Abend fest, an dem das Ding ausgepackt wird, und an diesem Abend geschieht es dann auch. Ein Freitag in dem langen Corona-Winter 2020/21, wo nach 21:00 Uhr Ausgangssperre herrscht und man sowieso nichts anderes tun kann, als sich zu Hause zu vergnügen, Wir bringen die Kinder früh ins Bett, duschen gemeinsam, verziehen uns ins Schlafzimmer und packen das Päckchen aus, das schon eine kleine Staubschicht angesammelt hat. Das Erste, was mir in die Hände fällt, ist ein schwarzes Spitzennegligé. Wir mögen beide schöne Wäsche an mir, daher ziehe ich es gleich an. Es fühlt sich etwas, hm, komisch an. Ich stelle mich vor den Spiegel, zupfe ein wenig an dem Stoff und frage neugierig: »Und, wie gefällt es dir?« »Du siehst aus wie deine Oma«, meint Frank trocken. Wir werden einen lustigen Abend haben, das ist schonmal klar. Ich ziehe das Teil wieder aus und ein rotes Unterwäscheset aus meinem eigenen Fundus an. Dann kuscheln wir uns ins Bett und schauen, was die Schachtel noch zu bieten hat. Eine Massagekerze ist darin, ein schwarzes Tuch zum Augen verbinden, ein Gleitgel und ein Vibrator. Und zwei Anleitungen, eine für »aktiv« und eine für »passiv«. Es geht bei dem Spiel darum, die sexuellen Aktionen unter Anleitung in eine klare Rolle zu bringen.

Normalerweise funktioniert Sexualität ja so, dass jeder

am anderen herumfummelt und die Partner sich gegenseitig und gleichzeitig an- und erregen. Es kann sehr spannend sein, die Rolle der aktiven Person von der Rolle der passiven Person einmal komplett zu trennen. Dadurch kann jeder in die jeweilige Rolle eintauchen und vor allem als Passiver den Kopf ausschalten und sich in die eigene Lust hineinfallen lassen, ohne auf den anderen Rücksicht nehmen zu müssen. Einer tut, der andere genießt. Im Tantra existiert ein ähnliches Spiel unter dem Namen »Königsspiel« – einer ist der »König«, der andere der »Diener«. Der König darf bestimmen, wünschen, entscheiden, geschehen lassen, der Diener dient den Wünschen des anderen. Dieses Spiel empfehle ich vielen meiner Coaching-Paare, damit sie sich bewusst werden, wem welche Rolle beim Sex leicht fällt und wo noch Entwicklungspotential liegt.

Frank und ich entscheiden, dass ich diesmal den aktiven Part übernehme. Meine Anleitung ist dementsprechend deutlich länger als seine. Der »Passive« hat lediglich die Aufgabe, sich mit verbundenen Augen aufs Bett zu setzen, abzuwarten, und dann den Anweisungen des Aktiven Folge zu leisten. Wir starten das Spiel, ich verbinde Frank die Augen. Er sitzt auf dem Bett und atmet ruhig. Ich überlege, was ich mit ihm anstellen soll, und schaue auf die Anleitung. Diese ist eher allgemein gehalten: »Die Erregung entsteht für den Passiven alleine schon dadurch, dass er nicht weiß, was passiert. Lassen Sie sich Zeit.« Das kenne ich zu gut, ich liebe diesen Moment. Das Kopfkino springt an, der Druck, etwas tun oder sein zu müssen, fällt ab, eine wohlige Erwartung macht sich breit, Erregung durchströmt den ganzen Körper. Ich könnte stundenlang in dieser Rolle sein. In der aktiven Rolle fühle ich mich allerdings etwas unsicher, und ehrlich gesagt hatte ich gehofft, dass ich eine klare Handlungsanweisung finde, was genau ich tun soll. Die Anleitung bleibt aber eher allgemein. »Tun Sie etwas, worauf Sie jetzt in diesem Moment Lust haben. Das kann etwas sein, was Sie mit Ihrem Partner machen oder etwas, das er für Sie tun soll.«

Mein Mann wirkt noch recht unbeeindruckt, also entscheide ich, dass er mir erst mal die Füße massieren soll. Ich setze mich neben ihn, lege ihm meine Füße auf den Schoß und flüstere ihm ins Ohr: »Massiere meine Füße.« Er legt gleich los, und ich entspanne mich, gar nicht so schlecht, die Bestimmerrolle. Nach gefühlten 20 Minuten und sehr relaxten Füßen bekomme ich Lust, die Massagekerze auszuprobieren. »Leg dich auf den Bauch«, sage ich Frank, der immer noch die Augen verbunden hat. Ich hole die Kerze aus der Kiste und male mir schon aus, wie ich das warme Wachs langsam auf seinen Rücken träufle und dann mit sanften Bewegungen verreibe. Mist, ich brauche ein Feuerzeug. Wo ist unser Feuerzeug? Ich bin nicht gut vorbereitet, das ist wie mit dem Vibrator und eigentlich auch mit allen Spielzeugen, da muss man erst mal eine Batterie reintun, wenn man sie auspackt. »Warte«, flüstere ich ihm ins Ohr, »nicht bewegen, bleib so«. Ich gehe runter in die Küche und finde ganz hinten in einer der Schubladen das Feuerzeug. Auf dem Rückweg nehme ich mir ein Glas Rotwein mit und schleiche mich auf Zehenspitzen wieder nach oben und zünde die Kerze an. Das Massagewachs fühlt sich fantastisch an, ich lasse es langsam auf Franks Rücken tropfen und verreibe es mit streichenden Bewegungen. Zwischendurch trinke ich einen Schluck Rotwein und komme langsam in Fahrt. Berührung hat viele Facetten, sie tut nicht nur demjenigen gut, der berührt wird, sondern auch dem Berührenden. Ich genieße das warme weiche Wachs in meinen Händen und streiche langsam, in großzügigen, achtsamen Bewegungen über seine Haut. In meinem Kopf ist kein Platz mehr für irgendeinen Gedanken. Von wegen, es ist langweilig zu Hause. »Dreh dich um«, flüstere ich irgendwann und wechsle von Kerzenwachs zu Gleitgel. Dann dauert es nicht mehr lange, und wir liegen beide befriedigt nebeneinander auf dem Bett.

Das war jetzt nicht die Wahnsinnsnummer, aber es war schön! Es gibt überhaupt keinen Grund, schlechte Laune zu haben oder zu meckern, denke ich in diesem Moment. Ich habe einen tollen Mann! Wir müssen einfach nur öfter vögeln. Ich sinniere über einen neuen Buchtitel: »Guter Sex trotz Ausgangssperre« oder »Vögeln in Zeiten von Corona«. Nach dem Höhepunkt bin ich manchmal sehr kreativ. Ich dämmere langsam weg, in meinem Kopf vermischen sich Wörter mit Bildern und dem immer noch warmen Gefühl in meinen Händen. Die Idee für ein neues Buch ist gesetzt, und am nächsten Morgen beschließe ich, dass es einen dritten Teil von »gesundgevögelt« werden gibt.

Anhang

Immer auf dem Laufenden bleiben: Susannes Newsletter bestellen: www.susannewendel.de

Mehr über Susanne Wendel: Vorträge, Workshops, Bücher: www.susannewendel.de

»gesundgevögelt« – Buch mit persönlicher Widmung bestellen und Newsletter-Abo:
www.gesundgevoegelt.de

WEITERFÜHRENDE LITERATUR

Bartens, Werner: Körperglück – wie gute Gefühle gesund machen. Droemer Verlag

Becker, Sonja/Sage Martin: Coaching – Erfolg im 21. Jahrhundert. Sokrates Verlag

Bergner, Daniel: Die versteckte Lust der Frauen. Knaus Verlag

Brown, Douglas: 100 Tage Sex: Wie ein Ehepaar sein Liebesleben wieder in Schwung bracht. Heyne Verlag

Caplan, Mariana: Berühren heißt Leben. vianova Verlag

Cassiers, Dagmar: Sex-Pass – sexuelle Passgenauigkeit mit 423 Fragen zum sexuellen Profil. tredition Verlag

Chapman Gary: Die 5 Sprachen der Liebe. Francke Verlag

Charles, Amara: The Sexual Practices of Quodoushka. Destiny Books

Clement, Ulrich: Think Love – das indiskrete Fragebuch. Rogner & Bernhard Verlag

Clement, Ulrich: Guter Sex trotz Liebe. Ullstein Verlag

Coler, Ricardo: Das Paradies ist weiblich. Aufbau Verlag Berlin

Cremer, Yella: Das G-Punkt Handbuch für Sexgötter: Verstehen, erforschen, genießen. Books on DemandCremer, Yella: Die 50 besten Sexschulen. Books on Demand

Dahlke Ruediger: Die Liste vor der Kiste, Terzium Verlag

Deunan, Wolf und Sabine: Ein bisschen härter ist viel besser. Das ultimative SM-Einsteigerbuch für Paare. Schwarzkopf & Schwarzkopf

Dahlke Ruediger: Die Liste vor der Kiste. Terzium Verlag

Fowkes, Charles: Kamasutra. Bassermann Verlag

Gaddam, Sai & Ogas, Ogi: Klick!mich!An! Der große Online-Sex-Report. Blanvalet Verlag

Govinda Kalashatra: Tantra-Massage – die hohe Kunst der erotischen Berührung. Südwest-Verlag

Gottman, John: Die Vermessung der Liebe. Klett-Cotta-Verlag

Henning, Ann-Marlene: Make Love – Liebe machen kann man lernen. Rogner & Bernhard Verlag

Henning, Ann-Marlene: Make More Love, Ein Aufklärungsbuch für Erwachsene. Rogner & Bernhard Verlag

Horx, Matthias: Healthness-Studie. Zukunftsinstitut

Jong, Erica: Angst vorm Fliegen. Ullstein Verlag
Jönsson, Cornelia u.a.: Sexworker – 33 Frauen, die mit Lust arbeiten. Schwarzkopf & Schwarzkopf Verlag
Kolle, Oswalt: Sexualiutät ´70 Bertelsmann Reinhold Mohn OHG. Gütersloh 1970
Littauer, Florence: Einfach Typisch – für Paare. Schulte & Gerth Verlag
Muller, Charla: 365 Nächte. kein & aber Verlag
Riedl, Michaela: Lingam-Massage: Die Kraft männlicher Sexualität neu erleben. Nietsch Verlag
Riedl, Michaela: Yoni-Massage: Entdecke die Quellen weiblicher Liebeslust – sinnlich – energetisch – spirituell. Nietsch
Saponjic, Danijela: Lebensträumen Raum geben. Integral Verlag
Schnarch, David: Intimität und Verlangen. Klett-Cotta Verlag
Schwarz-Schilling, Alexandra & Müller-Colli, Christin: Gemeinsam frei sein – Wege ins Beziehungsglück. Orlanda Frauenverlag GmbH
Storch, Maja u.a.: Embodiment – Die Wechselwirkung von Körper und Psyche verstehen und nutzen. Huber Verlag
Wendel, Susanne: gesundgevögelt. Horizon Verlag
Wendel, Susanne: Wie wär‘s mit uns beiden? Horizon Verlag

Aus dem Inhalt

(Auszug)

Vorwort

Männer sind Schweine, das ist bekannt. Dass Frauen auch schlimm sind, wird hingegen sorgsam unter den Teppich gekehrt. Die nackte Wahrheit ist: Alle Menschen sind Schweine. Nicht nur in dem Sinne, dass sie sich gerne versaute Witze erzählen und Schweinereien im Bett lieben, sondern auch darin, dass sie sehr gemein zueinander sein können. Und die, die besonders harmlos tun, sind die schlimmsten.

Wenn wir also über Gleichberechtigung reden, dann bitte richtig!

Männer wissen, dass sie Schweine sind, wir haben es ihnen oft genug gesagt. Doch wer eine Frau bezichtigt, ein Arschloch zu sein, bricht ein fettes Tabu. So, wie bei Harry Potter der Name desjenigen genannt wird, der nicht genannt werden darf. Manche Männer kokettieren sogar damit, dass sie Schweine seien. Doch Frauen tarnen ihre Gemeinheiten hinter einer Fassade von Harmlosigkeit: lächelnde Gesichter, säuselnde Stimmen, schöne Körper und viel Schminke. Und sie sehen und verstehen sich selbst grundsätzlich eher als Opfer denn als Täterinnen. Es wird Zeit, die Tarnung aufzudecken und ehrlich zu werden. Frauen sind genauso schlimm wie Männer, nur anders. Aber keinen Deut besser.

Frieden und Augenhöhe zwischen den Geschlechtern entstehen nicht durch Krieg gegeneinander, sondern wenn wir uns in die Augen schauen. Der Feminismus hat uns unglaublich weit gebracht, doch wir finden durch ihn keine Erlösung, weil er ein wichtiges Thema verschweigt: nämlich all das, was Frauen den Männern antun. Niemand redet über die weiblichen Fiesheiten. Sie sind passiv-aggressiv und deshalb nicht so offensichtlich erkennbar. Frauen verstecken sich noch hinter gesellschaftlichen Rollenbildern. Und wir schauen alle zu wenig hin, wer wir wirklich sind.

Es ist nicht klug, die weiblichen Schatten zu verleugnen, denn das Anerkennen ihrer dunklen Seiten würde Frauen viel Kraft geben. Wer zugibt, »ein Schwein zu sein«, verlässt automatisch die Opferrolle. Wer Verantwortung übernimmt, kann etwas ändern. Es erzeugt Power, sich nicht mehr hinter der Fassade einer Gut- oder Bessermenschin zu verstecken. Einen Versuch ist es wert. Es macht sogar Spaß, ab und zu die Drecksau rauszulassen. Letztlich ist es wie beim Sex: je versauter, desto geiler. Dieses Buch beschreibt jahrelange intensive Beobachtungen und sichtbare Tatsachen. Es stellt Fragen. Es eröffnet Paradoxe. Und es zieht Schüsse, über die sich lohnt zu diskutieren und zu streiten.

Männer in die Backstage!

Seit Jahrtausenden behalten sich Männer das Recht vor, Gesellschaften mit öffentlichen Reden zu beeinflussen. Fuck, jetzt sind wir mal dran!

Reden ist bei vielen Menschen Ausdruck einer Art geistiger Verdauungsstörungen, wie pupsen und rülpsen. Sie geben irgendetwas zum Besten, das ihnen gerade im Kopf herumgeht, weil sie es irgendwie losewerden möchten. Männer tun es öffentlich, vor allem in Form von Phrasendreschen, Frauen tun es privat, in Form von Klatsch und Tratsch. Phrasendreschen und Getratsche sind nicht besonders gesund, das weiß jeder, der den geistigen Gossip-Ergüssen von anderen ausgesetzt ist. Es wird einfach insgesamt zu viel geredet, über Dinge, die nicht wahr und nicht relevant sind und die Gesellschaft runterzieht. Früher herrschte die Theorie, dass Frauen zwei- bis dreimal so viele Wörter am Tag verwenden wie Männer. Das ist mittlerweile widerlegt, Männer können auch sehr viele Wörter benutzen. Dennoch existieren Unterschiede: Männer schwadronieren, Frauen ratschen. Das heißt: Männer verwenden viele Wörter darauf, sich selbst so dastehen zu lassen, dass sie tolle Hechte sind. Frauen verwenden viele Wörter darauf, *andere* (meistens ihre Männer, aber auch Freundinnen) so dastehen zu lassen, dass sie Idioten sind.

Sich zu gesellschaftlich relevanten Themen zu äußern, ist seit tausenden von Jahren eine reine Männerdomäne. Man könnte sagen, das öffentliche Reden, also das, was Politiker, Gelehrte und Speaker machen, ist Männertratsch. Die Althistorikerin und Frauenrechtlerin Mary Beard beschreibt in ihrem Manifest »Frauen und Macht« eindrücklich, dass Frauen seit Beginn der patriarchalen Strukturen lediglich bestimmte Nischen zugewiesen waren, in denen sie sich öffentlich äußern durften. »Wenn man aus jenen merkwürdigen Kompendien, die mit ‚100 bedeutende Reden der Geschichte' oder ähnlich betitelt sind, zeigt sich: die meisten weiblichen Highlights [...] befassen sich mit dem Schicksal von Frauen.« Dabei haben Frauen auch sonst sehr viel zu sagen. Jeder weiß, dass Frauen sehr klug sind, das fängt bei den besseren Schulnoten der Mädchen an und hört beim Wissen um Großmutters bestes Hustensaftrezept nicht auf. Frauen verfügen über viel Weisheit. Doch die Männer haben Frauen, was das öffentliche Reden und Meinung-Kundtun betrifft, in die Backstage gedrängt. Sie schaffen es bis heute, mit vielen Worten und viel Show alle mit ihren Meinungen zu hypnotisieren, völlig unabhängig davon, ob das Gesagte tatsächlich eine gesellschaftliche Relevanz hat. Die Frauen konnten all ihr Wissen und ihre Informationen nur untereinander oder höchstens in kleinen Gruppen weitergeben. Das Einzige, was Frauen auf öffentlichen Bühnen deklarieren durften, waren ihre eigenen Belange oder die ihrer Kinder und Familien, »Frauenthemen« also. Oder Klagen über ihren Opferstatus, und das machen sie ja bis heute noch, mittlerweile digital und mit Hashtags. #metoo ist keine neue Erfindung.

Aus diesem Grund gibt es in unserer gesamten Geschichte bis heute kaum berühmte Rednerinnen. Die Frauenquote unter in der Speakerszene ist genau wie jene unter Politikerinnen oder sonstigen meinungsbildenden Personen nach wie vor sehr gering. Selbst Domänen, die wirklich den Frauen »gehören«, wie Herd und Küche, werden – sobald es um ihre Bedeutung in der Öffentlichkeit geht – von Männern dominiert. Ich kenne zumindest fast nur männliche Fernseh- und Starköche. Jeden Tag sorgen Milliarden Frauen auf der Welt dafür, dass die Familie etwas zu essen auf dem Tisch hat – aber die Kompetenz für die hohe Schule des Kochens wird den Männern zugesprochen. Weibliche historische Berühmtheiten wie Jeanne d'Arc oder Hildegard von Bingen wurden nur ernst genommen, weil sie behaupteten, Visionen zu haben und dass ihre Worte direkt von Gott (= männlich) kämen. Ihre eigenen Worte hätten niemanden interessiert.

Psychotanten und Dreckschleudern

Entgegen ihrem wohlgepflegten Image als Sauberfrauen sind Frauen in Wahrheit ziemliche Dreckschleudern. Zumindest, wenn sie den Mund aufmachen und über ihre Männer reden.

Mein neuer Freund ist super, ich mag den total, aber er ist spirituell noch nicht so weit wie ich, der schwingt auf einer niedrigeren Schwingung. Mal sehen, wie lange das gut geht«, sagte kürzlich eine Bekannte zu mir, als ich mich erkundigte, wie es ihr in ihrer neuen Beziehung geht. Ich frage mich, ob er das weiß – das mit seiner niedrigen Schwingung.

Was aus dem Mund von Frauen kommt, wenn sie über ihre Männer reden, erschreckt mich immer wieder. Wie abfällig und gemein! Das tun sie teilweise sogar, wenn der Mann daneben steht. Wenn Frauen den Mund aufmachen, kommt ganz schön viel Müll raus. Gleichzeitig versuchen sie, besonders nett zu wirken. Sie reden mit einer hohen, melodiösen Stimme, oft sehr leise bis hauchend, manchmal schauen sie dabei von schräg unten und halten den Kopf etwas schief. Klatsch und Tratsch, stänkern, lästern, meckern, sich mokieren und über andere herziehen – das alles beherrschen Frauen deutlich besser als Männer. Und sie machen auch vor ihresgleichen nicht Halt. Wer sich am meisten das Maul zerreißt, wenn eine Frau im Ort unpassende Klamotten trägt oder ein paar Kilo zugenommen hat, sind immer die anderen Frauen. Frauen haben für ihresgleichen haufenweise gute Ratschläge in der Tasche – egal ob diese das wollen oder nicht. Frauen haben die Kunst des Lästerns so perfektioniert, dass bereits Blicke, Gesten und ein bestimmter Tonfall ausreichen. Sie sind Meisterinnen darin, andere ins Messer laufen zu lassen und selbst mit großen unschuldigen Augen das Massaker anzuschauen: Eine Frau beschwert sich bei ihrer besten Freundin über ihren Mann. Sie erzählt Details aus dem Schlafzimmer und aus der Ehe und dass der Mann ein ziemlicher Idiot sei. Bei ihrem Mann hingegen lästert sie über ihre beste Freundin und sagt Dinge wie: »Kein Wunder, dass die es immer noch nicht geschafft hat, einen Typen abzukriegen, die ist ja immer so zickig!« Und wenn sich dann alle drei mal treffen, tut die Frau gestresst, weil ihr Mann mit ihrer Freundin nicht klarkommt und ihre Freundin nicht mit ihrem Mann. Das Ergebnis einer solchen Ménage-à-trois: Der Mann ist ein intoleranter Arsch und die Freundin eine neidische, blöde Kuh – und die Frau hat endlich wieder einen Grund, sich bei beiden zu beschweren.

Jede Frau kennt so eine Energiesauger-Freundin oder -Kollegin, die nur jammert, sich über Hinz und Kunz beschweret und sich selbst als Opfer der Umstände und der anderen Menschen um sie herum erlebt. Diese Gespräche enden meistens darin, dass sie in Tränen ausbricht. Ein Telefonat mit einer solchen Freundin und du fühlst dich, als hätte dir jemand den Stecker gezogen. Interessanterweise merkt man während des Gesprächs oft nicht, wie viel Energie das kostet. Das Beschweren und Lästern über andere Menschen hat nämlich auch irgendetwas perverses Lustvolles. Ehe du dich versiehst, lästerst du fleißig mit, und irgendwas fällt dir garantiert ein, was du beisteuern kannst. Lästern ist ansteckender als jeder Erkältungsvirus.

Wenn Frauen nicht lästern, geht es in ihren Gesprächen um ihre Gefühle, psychische Entwicklungen und intensive Veränderungsprozesse. Und das in einer Art hypnotischer Sprache, die so allgemein gehalten ist, dass man sich darin schnell wiederfindet, obwohl man gar nicht genau weiß, worum es geht. Es klingt aber immer sehr bedeutsam. Frauen können über ihre Gedanken und Gefühle lange Facebook-Postings verfassen und bekommen dafür viele Likes: von anderen Frauen, die auch in ominösen Veränderungsprozessen stecken. Ebenso von Männern, die sich einschleimen wollen, obwohl sie nicht verstehen, worüber hier geschrieben wird. Und das ist der Punkt: Eigentlich gibt es gar nichts zu schreiben. Weil sich nichts verändert. Die Frauen haben den gleichen Job, den gleichen Partner, das gleiche Haus, den gleichen Tagesablauf, die gleichen Freunde, neu ist höchstens mal ein Paar Schuhe. Reale Veränderungen im Leben hätten reale Konsequenzen: ein neuer Job, ein neuer Partner, ein Umzug, eine Geburt, eine Trennung, ein Coming-out. Solche Veränderungen passieren nicht alle paar Wochen, doch wenn sie passieren, haben sie eine einschneidende Wirkung auf das gesamte Leben. Man wird in der Regel nie mehr in die gleiche Wohnung ziehen, aus der man einmal ausgezogen ist, nie nochmal den gleichen Job annehmen, den man gekündigt hat, weil er einen ankotzt. Die allermeisten Menschen heiraten nicht den gleichen Partner ein zweites Mal. Auch wenn jemand stirbt, verändert sich etwas unwiederbringlich. Interessanterweise schreiben oder sprechen die hier erwähnten Frauen nie in solchen wirklich bedeutsamen Momenten über »Prozesse«, sondern immer nur, wenn nichts los ist in ihrem Leben. Und wer nachfragt, bekommt garantiert wieder so einen Satz wie »Du verstehst schon, was ich meine« zur Antwort.

Frauen beherrschen es zudem wunderbar, andere Frauen schlecht dastehen zu lassen und hässlich zu machen, das schaffen sie schon alleine mit ihrer eigenen Ausstrahlung. Manche Frauen setzen sich so in Szene, dass jede Frau neben ihnen verblasst. Das nennt man Frauenkonkurrenz oder Stutenbissigkeit. Wer kennt das nicht: Du hast dich schick gemacht und kommst bestens gelaunt auf eine Party, und dort schäkert eine supergut aussehende Tussi verführerisch mit den Männern herum und zieht alle ihren Bann. Wie auf Knopfdruck fühlst du dich hässlich. Der Abend ist gelaufen. Es gibt Frauen, die sind wunderschön, und du kannst eine tolle Party mit ihnen erleben. Und es gibt Frauen, die dich mit ihrer Schönheit plattmachen. Konkurrenz tötet Sinnlichkeit und Spaß! Und sie macht einsam. Der indische Philosoph Krishnamurti hat gesagt: »Die subtilste Form von Gewalt ist der Vergleich.« Konkurrenz unter Frauen läuft deutlich subtiler ab als die unter Männern, ist aber dennoch sehr verletzend. Konkurrenz bedeutet, jemand anders *auszustechen*. Wobei Frauen sich nicht gleich umbringen wie die Männer, die sich auf öffentlichen Plätzen duellieren. Doch auch Blicke können töten.

Warum Verliebtsein meist im Horror endet

Verliebtsein ist eine Mogelpackung, denn es macht uns zu Egoisten. Oft verhindert es sogar echte Liebe.

»Also ich würde den Horst nicht heiraten«, sagt eine Bekannte, Ende 40, zu mir, als ich ihr von meiner Hochzeit vor ein paar Monaten erzähle. Sie lacht, nippt an ihrem Prosecco, guckt ziemlich abschätzig und meint dann: »Ich will das nicht grundsätzlich ausschließen mit dem Heiraten, aber ihn heirate ich nicht.« Ich hatte gedacht, sie und Horst wären längst verheiratet. Sie leben zusammen, haben ein kleines Kind. Die beiden wirkten eigentlich immer glücklich. Ich habe sie allerdings drei, vier Monate nicht gesehen. Nun scheinen sie sich wohl zu trennen. Sie meint jedenfalls, er sei ein riesengroßer Arsch. Was nach außen wie große Verliebtheit wirkte – und wahrscheinlich auch mal war –, scheint mittlerweile echter Stress geworden zu sein.

Ein befreundeter Mann erzählt mir eine Woche später: »Es kann doch nicht sein, dass wir uns so lange fertigmachen, bis wir beide unter der Erde liegen!«, Er steckt seit Jahren in einer On-Off-Beziehung fest. Ich kenne ihn schon länger und frage mich seit mindestens zwei Jahren, warum er sich nicht endlich trennt. Er schwankt immer wieder zwischen höchster Euphorie und tiefster Verzweiflung. Mittlerweile leiden beide unter diversen psychosomatischen Erscheinungen und hängen ständig bei Ärzten und in Kliniken herum, doch loslassen können sie einander nicht. Nach dem großen Drama, das sich immer an Kleinigkeiten und Lappalien entzündet und dann hochkocht, kommt regelmäßig die noch größere Versöhnung. Er meint scherzhaft, er fühle sich wie im Kindergarten, worauf ich ihm nur todernst antworten kann, dass Kindergartenkinder sich deutlich vernünftiger benehmen.

Die Illusion der Verliebtheit, man hätte *den* Menschen gefunden und könne ohne ihn nicht mehr leben, ereilt Menschen immer wieder wie eine Sucht. Wunderbar, wenn aus Verliebtsein Liebe wird. Doch häufig artet der Hormoncocktail des Verliebens in echten Horror aus, weil beide völlig unterschiedliche Dinge im Leben wollen. Der Mensch, den man am meisten hasst, ist üblicherweise der, den man mal am meisten geliebt hat. Beziehungen dieser Art entwickeln sich im Laufe der Zeit meistens zu Dramen. Das Interessante ist, dass das von außen betrachtet oft wie eine Komödie wirkt. Die lustigsten Kabaretts, Witze und Filme handeln von den Unmöglichkeiten menschlicher Liebesbeziehungen. Es gibt nur wenig zwischen Drama und Komödie, und das ist Langeweile.

In einem Interview mit einem Paartherapeuten las ich sinngemäß den Satz, dass in Therapien meistens der lieblose Mann als der Schuldige dargestellt wird. Der Mann, der nicht mehr zärtlich zu seiner Frau ist, der ihr keine (körperliche) Zuneigung mehr gibt. Der Therapeut stellt die These auf, dass einem lieblosen Mann womöglich eine lieblose Frau vorausgeht. Naja, einer fängt halt damit an, und das ist gar nicht mal so selten die Frau! Ich erlebe es ständig in meinen Coachings. Die Männer gelten als die Schuldigen, aber was hat die Frau vorher gemacht? Viele Männer entwickeln beispielsweise verzweifelte Strategien, um ihre Frauen körperlich zu erreichen, wohingegen die Frauen Strategien entwickeln, sich den Mann vom Hals zu halten. Einmal hat sich ein Mann an mich gewandt, der völlig verzweifelt war, weil seine Frau sich hässlich fand und angeblich aus diesem Grund nicht mehr von ihm angefasst werden wollte, von Sex ganz zu schweigen. Er fand sie aber sehr attraktiv und versuchte ihr zu beweisen, dass sie eine schöne Frau war. Sie hat ihn über Jahre abblitzen lassen und alles Mögliche vorgeschoben. Seine letzte Strategie war leider nicht die klügste. Er stellte freizügige Fotos von ihr in ein Erotik-Portal ein und zeigte ihr die Anzahl der positiven »Likes« und Komplimente, um ihr zu beweisen, dass sie attraktiv ist. Ich habe nur noch mitgekriegt, dass sie ausgezogen ist und er nicht verstanden hat, warum sein Liebesbeweis keine gute Idee gewesen ist.

… Fortsetzung im Buch …